Fidelis Ruppert OSB / Ansgar Stüfe OSB

Der Abt als Arzt –
Der Arzt als Abt

Anregungen
aus der Benediktsregel

VIER-TÜRME-VERLAG MÜNSTERSCHWARZACH
1997

Die Deutsche Bibliothek – CIP-Einheitsaufnahme
Ruppert, Fidelis:
Der Abt als Arzt – der Arzt als Abt : Anregungen aus
der Benediktsregel / Fidelis Ruppert/Ansgar Stüfe. –
1. Aufl. – Münsterschwarzach: Vier-Türme-Verl., 1997
  (Münsterschwarzacher Kleinschriften ; Bd. 108)
  ISBN 3-87868-608-0
NE: GT

1. Auflage 1997
Gesamtherstellung: Vier-Türme GmbH, D-97359 Münsterschwarzach Abtei
© by Vier-Türme-Verlag, Münsterschwarzach Abtei
ISSN 0171-6360
ISBN 3-87868-608-0

INHALT

Vorwort 7

Teil I: Fidelis Ruppert OSB
        Der Abt als Arzt – Der Arzt als Abt   9

1. Der Abt und der Arzt 9

2. Die Sorge für die Schuldigen und
   Schwierigen 11
   a) Nicht die Gesunden brauchen
      den Arzt, sondern die Kranken 12
   b) Die Sorge für die gebrechlichen Seelen,
      nicht die Gewaltherrschaft über
      gesunde 12
   c) Er schicke ältere, weise Brüder 14
   d) Die Liebe zu ihm soll erstarken 16
   e) Alle sollen für ihn beten 16
   f) Er ahme den Guten Hirten nach 17

3. Die Unverbesserlichen 20

4. Menschensorge und Finanzsorgen 23

5. Er schneide die Fehler klug und
   liebevoll weg 25

6. Der Arzt als Patient 32

7. Anhang 39
   a) Eine noch frische Erfahrung 39
   b) Der indianische Heiler 42

Teil II: Ansgar Stüfe OSB
Der Arzt als Abt 45

1. Was haben Benediktiner
   mit Medizin zu tun? 45

2. Das Menschenbild des Arztes 47

3. Beziehung zwischen Arzt und Patient 52

4. Verantwortung des Arztes 59

5. Die Persönlichkeit des Arztes 64
   a) Wissenschaft und Lebensführung 64
   b) Der Arzt als Helfer 67
   c) Der verletzliche Arzt 69
   d) Der Arzt in seelischem Gleichgewicht ... 71

6. Anhang: Mein Wunschpatient 75

Vorwort

Im April 1995 hielt ich auf der Jahrestagung der "Salzburger Äbtekonferenz" in Einsiedeln/Schweiz einen Vortrag mit dem Thema: "Der Abt als Arzt und Hirte nach der Benediktsregel." Es ging dabei um das Bild des Arztes, das Benedikt von Nursia (480–547) an vielen Stellen einer Regel verwendet, um dem Abt zu erläutern, wie er mit seinen Brüdern umgehen soll, vor allem mit den Schwachen und mit denen, die sich verfehlt haben. Über das gleiche Thema referierte ich im Oktober 1995 bei der Jahresversammlung der Äbtissinnen und Priorinnen der "Vereinigung der Benediktinerinnen Deutschlands" in Maria Laach.
Aufgrund dieser Vorträge erhielt ich von Karl-Heinz Hein-Rothenbücher, dem Geschäftsführer des "Missionsärztlichen Instituts Würzburg", die Anfrage, ob ich zur Eröffnungsfeier des 75jährigen Jubiläums des Missionsärztlichen Instituts am 6. Januar 1997 zur oben erwähnten Thematik einen Vortrag halten könnte. Ich fand das zunächst nicht sehr passend. Benedikt benützte ja das Bild vom Arzt, um dem Abt zu erläutern, in welcher Weise er sein Amt ausüben soll. Hier im Missionsärztlichen Institut sind aber nicht Klosterobere die Adressaten, sondern Ärzte, Krankenschwestern, Pfleger, sowie Mitarbeiterinnen und Mitarbeiter in den verschiedenen Projekten des Instituts in Würzburg und in Übersee. Allmählich wurde mir dann aber klar, daß sich die Bilder vom Abt und vom Arzt auch gegenseitig ergänzen und das, was Benedikt mit dem Bild vom Arzt dem Abt sagen will, auch wieder als Anfrage an Arzt und Ärztin zurückfällt und an alle, die im therapeutisch-pflegerischen Bereich tätig sind. Schließlich fand ich es ein sehr anregen-

des Unternehmen, die Bilder vom Abt und vom Arzt sich gegenseitig interpretieren zu lassen.
Den vorgetragenen Text habe ich nochmals überarbeitet und erweitert, da die Redezeit begrenzt war. Ich habe aber darauf geachtet, daß der Charakter des Vortrags und die direkte Anrede erhalten blieb.
Es war mir dann eine große Freude, daß Br. Ansgar Stüfe OSB, Facharzt für Innere und Tropenmedizin und seit vielen Jahren Chefarzt des Missionskrankenhauses der Benediktinerabtei Peramiho in Tansania, sich bereit erklärte, auf dem Hintergrund seiner langjährigen Erfahrung als Benediktiner und als Arzt die gleiche Thematik zu bearbeiten und seine Erfahrungen hier zu veröffentlichen. Er hat andere Akzente gesetzt und damit den Horizont des Themas wohltuend erweitert, gerade auch durch seine Erfahrungen in Afrika. Es ist erstaunlich, wie die Benediktsregel nach fast anderthalb Jahrtausenden zu vielen unserer „modernen" Probleme paßt und oft überraschende Perspektiven aufzeigt.

Münsterschwarzach, 1. März 1997

Fidelis Ruppert OSB

Die Texte der Benediktsregel (RB = Regula Benedicti) werden zitiert nach: Regula Benedicti.
Die Benediktusregel lateinisch/deutsch. Herausgegeben im Auftrag der Salzburger Äbtekonferenz. Beuron 1992

Fidelis Ruppert OSB

Der Abt als Arzt – Der Arzt als Abt
Anregungen aus der Benediktsregel

1. Der Abt und der Arzt

Sehr geehrte Festversammlung!
„Der Abt als Arzt – Der Arzt als Abt." Das ist wirklich ein überraschendes Thema. Bei der Vorbesprechung zu diesem Vortrag haben wir uns überlegt, ob wir das Thema wirklich so formulieren sollen, ob es nicht zu komisch klingt. Wir sind aber doch dabei geblieben, denn gerade weil es nicht so ganz klar ist, weckt es eine gewisse Aufmerksamkeit, eine Art Neugier.
Das Thema scheint etwas weit hergeholt zu sein, aber wenn man es dann einmal genauer betrachtet, gehört es vielleicht doch mitten in den Anlaß hinein, den wir hier gerade feiern.
In der Benediktsregel wird der Arzt an vielen Stellen als Vorbild für den Abt hingestellt. Das äbtliche Amt wird gesehen als eine ärztlich-therapeutische Aufgabe an der Heilung und am Heil des ganzen Menschen. Auch im medizinischen Bereich wird ja heute immer mehr gefordert, daß der Arzt und alle medizinischen Dienste nicht nur die körperliche Heilung im Auge haben sollen, sondern den ganzen Menschen. „Heilung und Heil" lautet deshalb der Titel Ihrer Zeitschrift und dieser Titel ist Ihr Programm. Das bedeutet: Der Arzt, jeder und jede im medizinischen Dienst, hat zugleich eine pastorale Aufgabe, eine seelsorgerliche Aufgabe. Oder im Rahmen unseres Themas formuliert: eine äbtliche Aufgabe.
Das Wort „Abt" kommt von Abba bzw. Abbas,

und heißt „Vater". „Der Arzt als Abt" bedeutet dann, daß jeder und jede im Dienst der Medizin, der Pflege, der ärztlichen Fürsorge mit einer äbtlichen, einer väterlich-mütterlichen Aufgabe betraut ist. Ich sage Ihnen damit nicht etwas ganz Neues, aber es ist vielleicht interessant, in der Benediktsregel einige Texte anzuschauen, die für Sie persönlich sehr weit wegliegen und dann von dorther dieses Thema zu betrachten.

Sie brauchen sich dann nicht persönlich betroffen fühlen, weil diese Texte ja zunächst nur die Benediktiner betreffen. Aber hin und wieder dürfen Sie sich doch auch selber gemeint fühlen, wenn Sie denken, daß es gut für Sie ist.

Benedikt entfaltet das Bild vom Abt als Arzt vor allem in den Kapiteln über die Strafen der Mönche. Offensichtlich geht er aufgrund seiner Erfahrung davon aus, daß er nicht nur heiligmäßige Mönche in seinem Kloster hat, sondern daß es auch viele Gründe zum Strafen gibt. Benedikt hat in seiner Regel gleich mehrere Kapitel über das Strafen. Und gerade in diesen Kapiteln zeichnet er ausführlich das Bild vom Abt als Arzt. Offenbar hält er es gerade im Augenblick des Strafens für besonders notwendig, den Abt daran zu erinnern, daß er zunächst als Arzt und nicht als Richter gefordert ist.

Methodisch werde ich jetzt so vorgehen, daß ich einige Texte aus der Benediktsregel wörtlich vorlese und sie auf die Praxis hin kommentiere.

2. Die Sorge für die Schuldigen und Schwierigen

„Mit größter Sorge
muß der Abt sich um die Brüder kümmern,
die sich verfehlen.
Denn nicht die Gesunden brauchen den Arzt,
sondern die Kranken.
Daher muß der Abt in jeder Hinsicht
wie ein weiser Arzt vorgehen.
Er schicke Senpecten,
das heißt ältere weise Brüder.
Diese sollen den schwankenden Bruder
im persönlichen Gespräch trösten
und ihn zu Demut und Umkehr bewegen.
Sie sollen ihn trösten,
damit er nicht in zu tiefe Traurigkeit versinkt.
Es gelte, was der Apostel sagt:
,Die Liebe zu ihm soll erstarken.'
Alle sollen für ihn beten.
Der Abt muß sich sehr darum sorgen, und
mit Gespür und großem Eifer danach streben,
daß er keines der ihm anvertrauten Schafe verliert.
Er sei sich bewußt,
daß er die Sorge
für gebrechliche Menschen übernommen hat,
nicht die Gewaltherrschaft über gesunde. . . . . .
Er ahme den Guten Hirten
mit seinem Beispiel der Liebe nach:
Neunundneunzig Schafe
ließ er in den Bergen zurück,
und machte sich auf,
um das eine verirrte Schaf zu suchen.
Mit dessen Schwäche hatte er soviel Mitleid,
daß er es auf seine heiligen Schultern nahm
und zur Herde zurücktrug." (RB 27)

Ich werde nun einige zentrale Aussagen dieses Kapitels herausnehmen und dazu einige Bemerkungen machen:

a) Nicht die Gesunden brauchen den Arzt, sondern die Kranken.

Benedikt zitiert hier ein Wort Jesu aus Matthäus 9,12. Dieses Wort Jesu steht aber nicht im Zusammenhang mit einer Krankenheilung, sondern an der Stelle, wo Jesus sich rechtfertigt, daß er sich von Zöllnern und Sündern zum Essen einladen ließ. Das heißt: Hier sind nicht die körperlich Kranken gemeint, sondern die Menschen in ihren seelischen und sozialen Nöten.
Ihnen gilt Jesu zentrale Sorge, und Benedikt schließt sich hier eng an Jesus an. Einige Sätze weiter formuliert Benedikt dieses Anliegen noch schärfer in Bezug auf sein Kloster: „Der Abt sei sich bewußt, daß er die Sorge für gebrechliche Menschen übernommen hat, nicht die Gewaltherrschaft über gesunde." (RB 27,6) Dazu füge ich einige Überlegungen an.

b) Die Sorge für gebrechliche Seelen, nicht die Gewaltherrschaft über gesunde.

Benedikt spricht hier von der Gefahr, daß man die Menschen, mit denen man zu tun hat, als gesund betrachtet, als Menschen, die das schon aushalten werden, was man ihnen zumutet. Und diese Aussage Benedikts gilt offensichtlich nicht nur in Bezug auf den Bruder, der gerade ein Problemfall geworden ist, sondern er formuliert ein Grundprinzip im Umgang mit seinen Brüdern. Er meint hier wohl das ganze Kloster. Die ganze Gemeinschaft besteht in gewisser Hinsicht aus schwa-

chen und kranken Menschen. Im lateinischen Text heißt es animae infirmae, was sowohl kranke, wie schwache Seelen heißen kann. Auf jeden Fall bedeutet das, daß der Abt nicht meinen soll, er habe es mit Menschen zu tun, die wie Gesunde unbegrenzt belastbar sind, sondern mit Menschen, deren Schwächen und Grenzen er immer mitbedenken muß, sonst trifft ihn selber das harte Wort von der Gewaltherrschaft. Im lateinischen Text steht hier das Wort „tyrannis".
Der Abt soll sich immer sagen: „Ich habe die Sorge für animae infirmae übernommen."
Benedikt zeichnet hier das Bild vom Kloster als Krankenhaus, bzw. als therapeutische Anstalt. Das ist wohl noch nicht alles, was man über eine klösterliche Gemeinschaft sagen kann, aber dieses Bild bringt auf sehr eindringliche Weise ein wesentliches Element klösterlichen Lebens und klösterlicher Führung zum Ausdruck.
Bei Ihnen in der Klink liegen die Dinge wohl eindeutiger als im Kloster. Sie können sagen: „Na gut, bei uns sind die Leute wirklich krank. Wir sind ein Krankenhaus und stellen uns von vornherein darauf ein." Aber im Sinne der Benediktsregel müßten Sie dann doch noch etwas ergänzen. Denn Benedikt meint ja nicht nur die körperlich Kranken, sondern wirklich alle, die hier sind. Das würde bedeuten, daß alle, die hier leben und arbeiten, alle Mitarbeiter und Mitarbeiterinnen, die Ärzte, die Krankenschwestern, die Pfleger, alle, die mit Verwaltung und Organisation beschäftigt sind, alle Mitarbeiterinnen und Mitarbeiter in Ihren medizinischen Projekten in Afrika und Asien, daß diese alle auch animae infirmae sind, d.h. schwache, gebrechliche und bedürftige Menschen, Menschen die in irgendeiner Weise auch krank sind, mögen sie sonst noch so großartig begabt und berühmt sein, oder vor

Gesundheit strotzen. Alle, die hier sind, alle, die irgendwo mitarbeiten, sie alle sind in irgendeiner Weise auch bedürftig, brauchen Fürsorge, brauchen Beachtung. Man kann nicht einfach mit ihnen umgehen, wie man will.

Wer immer hier irgendeine Form von Verantwortung trägt, kann und muß sich deshalb sagen: „Mit meiner Verantwortung habe ich auch eine therapeutische Aufgabe oder eine seelsorgerliche Aufgabe für die Menschen, mit denen ich zu tun habe, ob sie nun offiziell als Kranke eingestuft werden oder nicht." Es kann eine sehr eindrucksvolle Meditation werden, wenn Sie sich mal ein wenig Zeit nehmen und alle Menschen, mit denen Sie zu tun haben, vor Ihrem inneren Auge vorbeiziehen lassen und sich sagen: „Für diesen und für diesen Menschen habe ich auch eine seelsorgliche Aufgabe, eine Verantwortung für sein ganzes Menschsein, für sein Heilsein." Und wahrscheinlich fallen Ihnen dann zu diesem oder jenem Menschen viele Dinge ein, die Sie bisher nie besonders beachtet hatten. Und vielleicht spüren Sie auch immer wieder das Bedürfnis, bei diesem oder jener etwas länger zu verweilen, weil Ihnen ganz Neues und Ungeahntes an diesem Menschen aufgeht.

c) Er schicke ältere, weise Brüder

Hier haben wir es mit einer klugen, pädagogischen Weisung zu tun. Der Abt hat den Bruder bestraft. Nun ist er nicht der richtige Mann, diesem Bruder auch zu helfen, die Strafe zu verarbeiten und sein Leben zu bessern. Der Abt kann und braucht auch nicht immer der zu sein, der einem Bruder in seelischer Not oder in einem Konfliktfall helfen kann. Besonders bei Ordnungs- oder Autoritätskonflikten ist er ja selber Teil des Problems. Er soll deshalb andere Brüder hinschicken, die klug und weise mit schwierigen Menschen umzugehen wissen.

Eine Gemeinschaft sollte möglichst viele solcher weiser älterer Brüder haben. Ja, eigentlich sollte jeder und jede in irgendeiner Form in der Lage sein, anderen ein älterer weiser Bruder oder eine ältere weise Schwester zu sein.

Wir sprechen heute viel von heilender Gemeinschaft. Das meint, daß eine Gemeinschaft so sein sollte, daß sie heilende Kräfte entwickelt, nicht nur im medizinischen Sinn, sondern auch im therapeutischen und geistigen Sinn. Das heißt, daß wir so miteinander umgehen, daß wir aneinander und miteinander gesünder und heiler werden können. In der Pastoraltheologie sagt man heute: Die Gemeinde ist nicht nur einfach das Objekt der Seelsorge, sondern das Subjekt. Die Leute werden nicht beseelsorgert, betreut, oder versorgt, sondern die Gemeinde selber ist der Träger der Sorge um den Menschen und sein Heil.

In diesem Sinn haben wir hier in der Diözese Würzburg gerade einen jahrelangen Dialogprozeß erlebt unter dem Motto: „Wir sind Kirche." Es sollte den Menschen genau dieses Bewußtsein vermittelt werden, daß sie selber die Kirche sind und daß alle Mitverantwortung tragen für den Heilsauftrag dieser Kirche.

Heilende Gemeinschaft! Wir sollen heilende Gemeinschaft sein. Jeder und jede von uns ist verantwortlich dafür, wie heilsam es bei uns zugeht. Wir sollten uns deshalb die Frage stellen: Wie gut funktioniert das heilende Netz? Bei uns im Kloster, bei Ihnen in der Klinik, in Ihren Projekten, irgendwo draußen in der Welt. Damit ist nicht der Pflegedienst gemeint. Der funktioniert bestimmt. Es geht um den seelsorglich-therapeutischen Dienst aneinander. Haben wir da auch ein Netz, durch das keiner und keine durchfällt, das im Gegenteil hilft, uns gegenseitig aufzurichten, wo immer wir Hilfe brauchen?

d) Die Liebe zu ihm soll erstarken

Mit diesem Wort gibt Benedikt einen wichtigen Hinweis für den, der helfen will oder soll. Beim Bemühen um den schwierigen Bruder soll die Liebe des Helfenden wachsen. Es besteht die Gefahr, daß die Liebe eher abnimmt, weil der Bruder vielleicht hartnäckig und unzugänglich ist, wie in diesem Kapitel wohl vorausgesetzt wird. Wenn ich mich dann über diesen Bruder, dem ich helfen möchte, ärgere, wenn sein Verhalten mir selber zum Problem wird, wie kann da die Liebe in mir wachsen? Das heißt: Bei der Sorge um einen anderen geschieht bei mir selbst etwas oder muß bei mir etwas geschehen. Indem ich meine Enttäuschung und meinen Ärger über ihn verarbeiten kann, vollzieht sich an mir selber so etwas wie Heilung und komme ich tiefer in die Liebe. Und dies ist vielleicht sogar die Voraussetzung dafür, daß ich ihm überhaupt helfen kann und er die Sprache meiner Liebe verstehen lernt. Es bleibt eine entscheidende Frage, ob im langen Prozeß des Umgangs mit schwierigen Menschen die Liebe wächst, oder aber Frustration und Enttäuschung. Das gilt für die Klostergemeinschaft wie auch für all Ihre medizinischen Bereiche und Projekte.

e) Alle sollen für ihn beten

Die ganze Gemeinschaft wird zum Gebet für die Heilung des schwierigen Bruders aufgerufen. Hier geht es um die Frage, welche Rolle im Prozeß des

Heilens und der Heilung das Gebet spielt, die Glaubenshaltung. Wir wissen ja: Heilung geschieht nicht nur durch Medikamente, sondern schon auf der psychologischen Ebene liegt sehr viel daran, ob ich dem Arzt vertraue oder nicht; ob der Arzt eine Ausstrahlung hat oder nicht. Und wenn ich nun gar auf die Ebene des Gebetes gehe, des Gottvertrauens, der Gebetsverbundenheit, wodurch noch tiefere Schichten in der Seele angesprochen werden – glaube ich daran, bin ich fest davon überzeugt, daß mein Beten, meine Glaubenskraft, meine Gottverbundenheit ein wichtiger Teil meines Heilens und Therapierens ist, sowohl bei uns im Kloster, wie auch bei Ihnen in der Klinik, oder in sonst einem Ihrer Projekte? Welche Rolle spielen für mich tatsächlich Gebet, Gottverbundenheit, Gottvertrauen im Prozeß meines Heilens und Helfens? Und wie kann ich diese geistliche „Medizin" bei mir selber besser entdecken und entfalten? Die Frage scheint einen gewichtigen therapeutischen und persönlichen Stellenwert zu besitzen.

f) Er ahme den Guten Hirten nach

Hier verbindet sich das Bild vom Arzt mit dem Bild vom Hirten. Die biblische Geschichte klingt sehr schön. Da ist ein armes Schäflein, das sich verirrt hat. Der Gute Hirte läuft ihm nach und trägt es auf seinen Schultern zurück. Davon gibt es in der Kunst auch schöne Bilder, oft recht romantisch. Zweifellos hat dieses Bild einen hohen pastoralen Stellenwert, besonders in Bezug auf das, was man heute „nachgehende Seelsorge" nennt. Ich warte nicht, bis der andere zu mir kommt, sondern ich gehe zu ihm und hole ihn dort ab, wo er sich befindet.

Wenn man das Bild aber in die Praxis des Lebens überträgt, dann können einem noch ganz andere Erfahrungen einfallen. Oft ist es ja nicht ein armes Schäflein, das sich versehentlich verirrt hat, sondern es ist vielleicht ein Bock, der eigensinnig davongelaufen ist und der gar keine Lust hat, sich finden zu lassen und heimgeführt zu werden. Wenn ich ihn wie der Gute Hirte liebevoll auf meine Schultern nehmen oder an meine Brust drücken will, fängt er vielleicht wild zu treten und zu strampeln an, oder stößt mir wie ein zorniger Widder kräftig in die Seite.

Es ist ja gar nicht so, daß unsere Hilfe, vor allem die therapeutische, die seelsorgliche, immer so sehnsüchtig erwartet wird. Wo die Hilfe ehrlich gewollt ist oder in besonderen Notfällen klappt das meistens am besten. Ich bewundere immer die Ärzte oder die Leute in der Notaufnahme, wie sie auch am Heiligen Abend oder irgendwann nachts um zwölf mit größter Selbstverständlichkeit da sind. Das funktioniert. Man ist fraglos bereit, den notwendigen Einsatz zu leisten.

Nur, was geschieht, wenn ich staunend merke: Das arme Lämmlein will ja gar nicht geheilt werden. Das ist schon in der Medizin schlecht, wenn der Patient nicht mitspielt, sondern dauernd das Gegenteil von dem tut, was er soll, und somit die ganze ärztliche Kunst zum Scheitern bringt.

In der Pädagogik oder in der Menschenführung haben wir dieses Problem sehr oft. Ich möchte jemandem helfen, aber er will nicht. Wie oft soll ich ihm dann nachlaufen? Siebenmal, siebzigmal, siebzigmalsiebenmal? Und wie gehe ich dann selber mit dem Problem um, daß mein Bemühen nichts fruchtet oder einfach in den Wind geschlagen wird – und das vielleicht über längere Zeit hin? Und wenn Benedikt mir dann noch sagt, wie oben dargelegt wurde, daß die Liebe dabei erstarken und nicht schwächer werden soll? Hier stoßen wir oft an sehr leidvolle Erfahrungen. Ich werde nachher nochmals kurz auf dieses Thema eingehen.

3. Die Unverbesserlichen

Auch Benedikt kennt den Fall sehr gut, daß alle noch so guten Bemühungen keinen Erfolg haben. Was macht er dann? In seiner Regel fügt er deshalb noch ein Kapitel „Über die Unverbesserlichen" an. Offensichtlich gehört auch diese Thematik zu seiner reichen Lebenserfahrung. Hier zunächst der Text aus der Benediktsregel:

„...Wenn er sich aber auch so nicht bessert
oder wenn er gar, was ferne sei,
stolz und überheblich
sein Verhalten verteidigen will,
dann handle der Abt wie ein weiser Arzt.
Er wende zuerst lindernde Umschläge
und Salben der Ermahnungen an,
dann die Arzneien der Heiligen Schrift
und schließlich wie ein Brenneisen
Ausschließung und Rutenschläge.
Wenn er dann sieht,
daß seine Mühe keinen Erfolg hat,
greife er zu dem, was noch stärker wirkt:
Er und alle Brüder beten für den kranken Bruder,
daß der Herr, der alles vermag,
ihm die Heilung schenkt.
Wenn er sich aber auch so nicht heilen läßt,
dann erst setze der Abt
das Messer zum Abschneiden an.
Es gelte, was der Apostel sagt:
‚Schafft den Übeltäter weg aus eurer Mitte.'
Und an anderer Stelle:
‚Wenn der Ungläubige gehen will, soll er gehen.'
Ein räudiges Schaf
soll nicht die ganze Herde anstecken."

(RB 28,2-8)

Nun geht es um die Amputation. Es ist ein sehr deutliches Kapitel. Eigentlich auch ein sehr erstaunliches Kapitel. Benedikt redet durch die ganze Regel hindurch viel von den Schwächen und vom Verständnis, das der Abt für die Brüder haben soll. Und dann gibt es doch den Punkt, wo der Abt eine Amputation vornehmen soll – im Interesse des Ganzen.

Medizinisch ist das meistens sehr klar. Trotz mancher Unwägbarkeiten weiß man an einem bestimmten Punkt: Das Bein muß jetzt weg. Es gibt keine andere Wahl, sonst ist das ganze Leben in Gefahr. Im menschlichen Bereich ist es viel schwieriger und gefährlicher, diese Diagnose zu stellen. Wo ist der Punkt, an dem wir sagen müssen: „Jetzt geht es nicht mehr? Jetzt hilft nur noch eine Kündigung, und jetzt hilft nur noch, das Projekt zu schließen." Ein ganz schwieriges und leidvolles Thema. Aber Benedikt sagt uns in diesem Kapitel: Wir kommen im Leben oft nicht daran vorbei, etwas amputieren zu müssen.

Allerdings macht er sich diese Entscheidung nicht leicht. Es lohnt sich, an dieser Stelle nochmals den Text der Reihe nach zu lesen. Er führt in der Sprache der Ärzte seiner Zeit alle nur erdenklichen Maßnahmen auf, die ergriffen werden müssen, bevor tatsächlich die Entscheidung für eine Amputation gefällt wird. Für den menschlichen und seelsorglichen Bereich bedeutet dies, daß alle nur erdenklichen Versuche unternommen wurden, die menschliche Beziehung und Situation zu verbessern, bevor das Urteil für eine Trennung, eine Kündigung, die Beendigung einer Beziehung oder eines Projektes gefällt wird.

Und wieder mahnt Benedikt zum Gebet. Alle sollen beten. Hier ist man an einem Extremfall angelangt, wo viel auf dem Spiel steht, wo trotz allem Recht zum Abschneiden, die Sorge für den Betroffenen weiterdauert. Wie beendet man eine Beziehung, eine Anstellung, ein Projekt? Wie macht man es, daß es hinterher nicht Gewinner und Verlierer gibt, daß nicht die eine Seite das Gesicht oder die Würde verloren hat? Ein Manager sagte mir einmal, nach einem Krach müßten beide Seiten erhobenen Hauptes das Zimmer verlassen können. Darum geht es.

Wenn bei uns jemand die Gemeinschaft verläßt – normalerweise wird er dann nicht gegangen, sondern geht meist gegen unseren Willen, aber das ist dann im Grunde ein ähnlicher Fall – dann sage ich immer: „Wir wollen nun alles so regeln, daß du in Frieden gehen und auch in Frieden wieder mal kommen kannst." Das erfordert viel Respekt vor der Würde des anderen und zwar von beiden Seiten. Das intensive Gebet stellt uns alle in dieser Situation vor das Angesicht Gottes, wo uns die Würde des anderen bewußt wird und der göttliche Arzt allen Beteiligten die Arznei der Liebe schenken muß. Eine Trennung bringt schon Wunden genug. Es sollte deshalb alles getan werden, was therapeutisch und seelsorglich die Schmerzen lindern und das Weiterleben ermöglichen kann.

Zusätzlich zu den Texten für die Bestrafung der Brüder möchte ich noch zwei Texte aus den beiden Kapiteln über die Amtsführung des Abtes zitieren und kommentieren, weil sie nochmals von einer anderen Seite ein Licht auf die Art und Weise werfen, wie nach Benedikt schwierige menschliche Situationen angegangen werden sollen.

4. Menschensorge und Finanzsorgen

Zunächst ein Text aus dem sog. 1. Abtsspiegel. Benedikt spricht an dieser Stelle nicht ausdrücklich vom Arzt, aber von einem Thema, das heute im medizinischen Bereich sehr aktuell ist:
„Vor allem darf der Abt
über das Heil der ihm Anvertrauten
nicht hinwegsehen oder es geringschätzen
und sich größere Sorge machen
um vergängliche, irdische und hinfällige Dinge.
Stets denke er daran:
Er hat die Aufgabe übernommen,
Menschen zu führen,
für die er einmal Rechenschaft ablegen muß.
Wegen des vielleicht zu geringen Klostervermögens
soll er sich nicht beunruhigen;
vielmehr bedenke er das Wort der Schrift:
‚Sucht zuerst das Reich Gottes
und seine Gerechtigkeit,
und dies alles wird euch dazugegeben'."
(RB 2,33-35)

Wenn das Klostervermögen allzu gering ist, wenn man zu wenig Geld hat ...
Ein sehr aktuelles Thema im Bereich des Krankenhauses. Es fallen uns Stichworte wie „Kostendämpfung" und „Sparpakete" und so manch anderes ein. Mangelnde Finanzen gefährden die Qualität der Therapie und der Pflege. Drohender Stellenabbau bringt eine Menge personeller und damit sehr persönlicher Probleme mit sich. Wie schnell schlagen sich finanzielle Probleme auf das Niveau unseres Menschseins und auf unsere gegenseitigen Beziehungen nieder!
Ich habe keine Antwort auf diese Ihre aktuellen Probleme. Aber ich finde es sehr anregend, daß

Benedikt schon vor anderthalb Jahrtausenden auf derartige Probleme hinweist. Die finanzielle Notsituation des Klosters kann bewirken, daß der Abt ganz in seinen wirtschaftlichen Sorgen aufgeht und die persönlichen Probleme der Brüder übersieht. Benedikt duldet hier keine Ausrede. Immer muß der Mensch im Mittelpunkt der Aufmerksamkeit stehen. Und er setzt voraus, daß das auch bei geringen Finanzen möglich ist. Könnte es sein, daß wir das Niveau unseres Menschseins und unserer menschlichen Beziehungen schon zu sehr von den finanziellen und technischen Möglichkeiten abhängig gemacht haben?

Diese Gefahr war schon zur Zeit Benedikts gegeben. Er kann uns deshalb auch die nachdenkliche Frage stellen, ob und wie wir heute – trotz aller wirtschaftlichen Schwierigkeiten – den Menschen und sein Heilsein im Mittelpunkt unserer ganz persönlichen Sorge stehen haben, und ob wir glauben bzw. wissen, daß es dafür menschliche Ressourcen gibt, die nicht von wirtschaftlichen Bedingungen abhängen. Mancher von Ihnen, der etwa als Arzt in Afrika gearbeitet hat, weiß, daß er sich dort bei einem viel niedrigeren wirtschaftlich-technischen Niveau in seiner Arbeit am Menschen wohler gefühlt hat, als in einer hochtechnisierten europäischen Umgebung. Man darf diese beiden Situationen nicht gegeneinander ausspielen, aber der Blick darauf kann – zusammen mit dem Hinweis des heiligen Benedikt – zu vertieftem und vielleicht kreativem Nachdenken über unsere aktuelle Situation anregen.

5. Er schneide die Fehler klug und liebevoll weg.

Im sog. 2. Abtsspiegel bringt Benedikt nochmals eine ganze Reihe von Anweisungen für den Umgang mit den Brüdern, vor allem in schwierigen Situationen. Hier eine Auswahl davon:
„Er wisse, daß er mehr helfen als herrschen soll ...
Immer gehe ihm Barmherzigkeit über strenges Gericht,
damit er selbst Gleiches erfahre.
Er hasse die Fehler, er liebe die Brüder.
Muß er aber zurechtweisen,
handle er klug und gehe nicht zu weit;
sonst könnte das Gefäß zerbrechen,
wenn er den Rost allzu heftig auskratzen will.
Stets rechne er
mit seiner eigenen Gebrechlichkeit.
Er denke daran,
daß man das geknickte Rohr
nicht zerbrechen darf.
Damit wollen wir nicht sagen,
er dürfe Fehler wuchern lassen,
vielmehr schneide er sie klug und liebevoll weg,
wie es seiner Ansicht nach jedem weiterhilft;
wir sprachen schon davon.
Er suche, mehr geliebt als gefürchtet zu werden."
(RB 64,8-15)

Der letzte Satz: „Mehr geliebt als gefürchtet werden = plus amari quam timeri" war der Wahlspruch von Abt Placidus Vogel OSB, dem ersten Abt der wiedererstandenen Abtei Münsterschwarzach, der auch zu den Initiatoren für die Gründung des Missionsärztlichen Instituts zählt. Doch nun zum Text als Ganzem. Es würde sich lohnen, jeden Satz einzeln zu bedenken. Aber ich möchte mich auf das Wesentliche beschränken.

Im ersten Satz wird nochmals das Thema der Tyrannei aufgegriffen und dem Abt gesagt, daß er mehr helfen als herrschen soll. Immer wieder warnt Benedikt vor der Gefahr, Macht auszuüben und die Sensibilität für den konkreten Menschen und seine Not zu vernachlässigen.

Allen weiteren Aussagen in diesem Text ist gemeinsam, daß Benedikt in immer neuen Wendungen und Bildern zu vermitteln sucht, daß der Abt sehr deutlich das Negative sehen und beseitigen, aber zugleich mit großem Gespür für den konkreten Menschen handeln soll. Der Text gipfelt schließlich in der Aussage, er dürfe Fehler zwar nicht wuchern lassen, aber er solle sie „klug und liebevoll wegschneiden" (lateinisch: amputet). Wieder ist hier von der Amputation die Rede. Diesmal meint er nicht die große Amputation, wo ein Bruder die Gemeinschaft verlassen muß, sondern die vielen täglichen Beschneidungen, die notwendig sind, damit sich die Pflanze gut entfalten kann.

Bezeichnend ist seine Bemerkung: „Wir sprachen schon davon." Dabei bezieht er sich auf eine Stelle aus dem 1. Abtsspiegel in RB 2,26: „Auf keinen Fall darf er darüber hinwegsehen, wenn sich jemand verfehlt; vielmehr schneide er die Sünden schon beim ersten Entstehen mit der Wurzel aus, so gut er kann." Hier soll der Abt das Böse so schnell wie möglich und so gut er kann mit der Wurzel ausrotten. Im 2. Abtsspiegel gegen Ende der Regel fügt Benedikt ausdrücklich hinzu, es solle aber klug und liebevoll geschehen und so, daß es wirklich weiterhilft. Es klingt so, als habe Benedikt dazugelernt. Es geht nicht mehr nur darum, daß das Böse ausgerottet wird, sondern daß alles in Liebe geschieht und der Mensch selber nicht beschädigt wird, sondern besser weiterwachsen kann. Benedikt wünscht natürlich die

Effektivität bei der Bekämpfung des Bösen, aber zugleich will er nicht im geringsten von der Sorgfalt und Sensibilität für den einzelnen Menschen abweichen. Und das veranschaulicht er in immer neuen Wendungen und Bildern. Anscheinend geht es ihm hier um eine seiner zentralen Aussagen für den Umgang mit schwierigen Menschen.

Effizienz und Sorgfalt zugleich! Das ist ein schwieriges Unterfangen, zumal es nicht gelegentlich um diesen oder jenen Menschen geht, sondern um eine große klösterliche Gemeinschaft. Oder um eine große Klinik mit der pausenlosen Fluktuation von Patienten und Personal – und im Hintergrund auch noch das Problem der Kostendämpfung. Äußerste Sorgfalt und volle Effizienz – und das tagtäglich und unzählige Male.

Wenn ich diesen oben zitierten Text langsam durchmeditiere, und ich könnte noch viele andere aus der Benediktsregel hinzufügen, dann habe ich den Eindruck, daß Benedikt hier nicht nur sehr viel fordert, sondern schlicht und einfach zuviel. Jeder, der im Kloster oder in der Klinik Verantwortung trägt, ist mit diesen Forderungen schlichtweg überfordert. Vor einiger Zeit habe ich in einem Kloster einen Vortrag zu diesem Thema gehalten und zwar zur Vorbereitung auf die Wahl des dortigen Oberen. Im Blick auf diesen Text habe ich dann gesagt: „Sie werden niemand in Ihrem Kloster haben, der so ist, wie der heilige Benedikt ihn als Oberen wünscht. Sie müssen sich mit zweiter oder dritter Wahl begnügen, wie auch wir in Münsterschwarzach, als ich gewählt wurde, uns mit zweiter, dritter Wahl begnügen mußten. Daran ist nichts zu ändern."

Benedikt stellt einen ungeheuer hohen Anspruch, zumal wir alle nicht dafür ausgebildet sind. Ich habe zwar viel Theologie studiert, aber während der Ausbildung waren die Fragen nach Menschenführung oder Umgang mit kritischen Situationen absolut kein Thema. Es ist heute etwas besser geworden, glaube ich. Wie es bei Ärzten und Pflegern ist, weiß ich nicht. Das entzieht sich meiner Kenntnis. Aber ich nehme an, daß auch hier das Fachliche oft eindeutig im Vordergrund steht, so daß der Mensch selbst und der rechte Umgang mit ihm ins Hintertreffen gerät. Es gibt keine Vorbereitung, wenn man Oberer wird, wenn man Abt wird. Es gibt keine Äbteschule, es gibt keine Diplome oder sonstige Qualifikationen dafür. Irgendwann ist man plötzlich Oberer. Irgendwann sind Sie Chefarzt oder Pflegeleiter oder Leiterin eines Projektes oder sonst etwas, wo Sie für viele Menschen verantwortlich sind. Es ist wunderbar, wenn wir dann eine gute fachliche Qualifikation haben. Aber wieviel haben wir gelernt, mit Menschen umzugehen, gerade wenn es schwierig wird? Heilender Umgang mit Menschen, mit Sorgfalt und Effizienz!?

Diese Situation braucht uns aber nicht mutlos machen. Es ist schon viel, wenn man weiß, daß noch viel fehlt und noch Entscheidendes dazugelernt werden muß. Das meiste, was ich dazu weiß, habe ich auch erst gelernt, seit ich in höheren Ämtern bin. Immerhin, wenn man noch etwas dazulernt, ist das ja schon erfreulich. Ich glaube, daß wir es unserem Amt und der Würde der Menschen, mit denen wir umgehen, schuldig sind, uns weiterzubilden, und zwar pausenlos. Das gilt für all die Themen wie Umgang mit Menschen, Menschenführung, Bewältigung von Krisen und Konflikten, Formen der Mitverantwortung, gemeinsame Entscheidungsfindung usw.

Dazu gibt es heute ja sehr gute Weiterbildungsmöglichkeiten. Und vieles davon lohnt sich tatsächlich. Aber die wichtigste Weiterbildungsmöglichkeit, die ich kenne, ist jene, durch eigene

Erfahrungen zu lernen. Ich möchte erläutern, was ich damit meine. Eine Klosterfrau, die sehr viele Exerzitien hält und auch viele Priester geistlich begleitet, sagte mir einmal: „Ich verstehe euch Priester und euch Obere nicht. Ihr führt soviele Menschen, jahraus, jahrein, über Jahrzehnte hin, aber die meisten von euch lassen sich selber nicht von jemandem führen. Ich halte das für unverantwortlich." Das ist mir tief in die Seele gefahren, weil ich spontan spürte, daß diese Ordensfrau recht hat und daß dort auch mein eigenes Problem liegt. Ich war damals schon etliche Jahre im Amt. Aber dieser Hinweis hat eine neue, sehr heilsame Phase in meinem persönlichen Leben und in meiner Amtsführung eingeleitet.

„Sie führen andere, aber sie lassen sich nicht selber führen". Führen lernt man am besten dadurch, daß man sich selber führen läßt, oder wie wir heute gerne sagen: Man lernt am besten durch Selbsterfahrung. Wir versuchen das heute mit sog. Einzelexerzitien, mit geistlicher Begleitung, mit verschiedenen Formen der Meditation, der Supervision oder ähnlichen Methoden. Immer geht es dann darum, daß mein eigenes Leben aufgearbeitet wird, auch meine Vergangenheit. Vieles hängt uns ja von früher her nach, aus der Kindheit und aus der weiteren, oft verletzenden Lebensgeschichte. Das alles belästigt und belastet mein derzeitiges Verhalten und meinen Umgang mit den Menschen. Aber in der persönlichen geistlichen Begleitung lerne ich dann ganz konkret, wie die Wunden meiner Lebensgeschichte heilen können und wie ich besser mit meinen persönlichen Krisen und Schwierigkeiten umgehen kann. Das wird sich dann sehr heilsam auf den Umgang mit den Menschen und auf die Ausübung meines Amtes auswirken.

Der heilige Benedikt hat auch schon davon gewußt. Er sagt einmal, daß der Abt fähig sein soll, „eigene und fremde Wunden zu heilen". (RB 46,6) Der Abt soll einer sein, der fähig ist, zunächst einmal die eigenen Wunden zu heilen. In diesem Zitat stehen die eigenen Wunden vor den fremden Wunden. Die Fähigkeit, mit eigenen Wunden heilsam und heilend umzugehen, ist wohl die Voraussetzung dafür, fremde Wunden erkennen und heilen zu können.

Sie kennen ja auch den Spruch: „Arzt, heile dich selbst!", den Lukas, der Arzt, Jesus in den Mund legt (Lk 4,23). Es geht hier nicht um den speziellen Zusammenhang im Lukasevangelium.

Aber dieses Sprichwort meint doch wohl, daß einer zunächst mit seinen eigenen Problemen zurechtkommen muß, bevor er sich daranmacht, die Probleme anderer zu heilen.

Ähnliches sagt der mythologische Typos vom „verwundeten Arzt". Es gehört zu den großen Menschheitserfahrungen, daß nur der heilen und helfen kann, der selbst verwundet ist, der selbst das Leid und die Not kennt. Dabei meint die Rede vom verwundeten Arzt nicht unbedingt, daß er alle seine Wunden heilen und als gesundheitsstrotzender Heiler auftreten muß. Seine Wunde bleibt. Er bleibt selber ein leidender Mensch. Aber er kann mit seiner Wunde leben. Er wird daran nicht kränker oder geht gar daran zugrunde, sondern er lernt, immer besser damit zu leben und wird daran weiser und reifer.

Es geht also sowohl darum, an sich selber zu lernen, wie man heiler werden kann, aber auch darum zu lernen, wie man gerade mit all seinen Wunden und Verletzungen auf neue Weise, auf einer höheren oder tieferen Ebene, heiler und wissender werden kann. Nur in dem Maße, wie man bewußt durch solche Erfahrungen gegangen ist, wird man auch in der Lage sein, im Sinne des heiligen Benedikt beim Wegschneiden des Bösen, bei der effektiven Lösung schwieriger Probleme klug und liebevoll vorzugehen, so daß nicht neue Wunden entstehen, sondern dem anderen wirksam geholfen wird und er gut weiterwachsen kann. Mit diesen letzten Überlegungen sind wir bereits beim nächsten und letzten Punkt meiner Ausführungen angelangt.

6. Der Arzt als Patient

Der Arzt oder der Abt brauchen gar nicht erst krank zu werden, wenn sie an die eben erwähnten Erfahrungen geraten wollen. Ich möchte das an der Frage erläutern: Was geschieht denn, wenn mein Bemühen um den Menschen, – sei es im medizinischen Bereich oder im Bereich der Menschenführung – nicht zum Erfolg führt? Wie geht es mir selber, wenn meine Heilkunst nichts fruchtet? Mit dieser Frage hat sich schon Benedikt auseinandergesetzt. Gleich zu Beginn des 1. Abtsspiegels spricht er davon, daß der Abt die letzte Verantwortung hat und im Gericht über alles und über alle Rechenschaft ablegen muß. Aber im gleichen Atemzug spricht er auch von der Möglichkeit des Scheiterns all seiner Bemühungen. Hier der Text:
„So wisse der Abt:
Die Schuld trifft den Hirten,
wenn der Hausvater an seinen Schafen
zu wenig Ertrag feststellen kann.
Andererseits gilt ebenso:
Hat ein Hirt
einer unruhigen und ungehorsamen Herde
all seine Aufmerksamkeit geschenkt
und ihrem verdorbenen Treiben
jede nur mögliche Sorge zugewandt,
wird er im Gericht des Herrn freigesprochen.
Er darf mit dem Propheten zum Herrn sagen:
,Deine Gerechtigkeit
habe ich nicht in meinem Herzen verborgen,
ich habe von deiner Treue und Hilfe gesprochen,
sie aber haben mich verhöhnt und verachtet.'
Dann kommt über die Schafe,
die sich seiner Hirtensorge
im Ungehorsam widersetzt haben,
als Strafe der allgewaltige Tod." (RB 2,7-10)

Benedikt spricht hier also von dem Fall, daß einer alle nur erdenkliche Mühe und Sorgfalt aufgewandt hat, ihm aber kein Erfolg beschieden ist. Die Schafe wollen nicht. Ich habe oben schon mal im Zusammenhang mit RB 27,8f die Frage gestellt, was denn sei, wenn der Gute Hirte dem verlorenen Schaf nachgeht, es aber nicht mit ihm zurückkehren will? Wieviel mal müsse er dann dem Schäflein nachgehen? Siebenmal, siebzigmal, siebzigmalsiebenmal? Und wenn sich dann endgültig herausstellt, daß alles noch so gut gemeinte Nachgehen nichts hilft, was mache ich dann? Wie geht es mir damit? Wie reagiere ich darauf? Benedikt spricht hier von einer erfolglosen Situation im Bereich der Menschenführung. Dasselbe kann auch im medizinischen Bereich geschehen, wenn die ärztliche Kunst versagt, vielleicht sogar bei äußerstem Aufwand von Mühe und Mittel, oder wenn der Patient trotz bester Therapie nicht mitspielt und durch unkluges Verhalten alles Bemühen vereitelt, oder Mitarbeiter durch Fehlverhalten den Erfolg verhindern, oder wenn ein Projekt nach jahrelangem Einsatz zum Scheitern verurteilt ist. Oder was noch schlimmer sein kann, wenn ich nämlich durch eigene Unachtsamkeit oder Inkompetenz unheilbaren Schaden angerichtet habe.

Wie lebe ich also mit einer solchen Situation? Wie reagiere ich darauf? Vielleicht werde ich aggressiv, oder depressiv oder ich klage die anderen an oder auch mich selbst. Auf jeden Fall wird dadurch häufig unser Selbstvertrauen, unsere Lebens- und Arbeitsfreude gebremst. Mir fallen dazu zwei Worte des heiligen Benedikt ein, die hilfreich sein können. Das eine steht im 4. Kapitel über „Die Werkzeuge der geistlichen Kunst". Dort stellt er eine große Anzahl von knappen Maximen für das geistliche Leben zusammen.

Eine davon lautet: „Von der Liebe nicht lassen."
(RB 4,26) Das bedeutet, daß ich in allem, was ich
tue und was mir widerfährt, in der Liebe bleiben
soll. Das gilt gerade dann, wenn ich spontan in
Zorn oder Mutlosigkeit versinken möchte. Angesichts einer persönlich ausweglosen Situation in
der Liebe bleiben. Wie macht man das? Noch
intensiver wird diese Aussage, wenn ich das zweite Wort hinzufüge, das ich oben schon einmal
zitiert habe. „Die Liebe zu ihm soll wachsen."
(RB 27,4) Es geht dort um das Bemühen für einen
schwierigen Bruder. Dort soll nicht der Ärger,
sondern die Liebe wachsen, weil sie jetzt besonders notwendig ist. Das gilt erst recht für das
endgültige Scheitern eines Bemühens. Aber wie
mache ich das, daß im Scheitern die Liebe nicht
zerbricht, sondern sogar wächst und ich daran
reifer werde?

Jetzt ist nicht mehr das Bemühen oder gar der
Kampf mit dem anderen angesagt, sondern der
Kampf mit mir selbst, mit meinem eigenen
Enttäuschtsein und Verletztsein. Und im Handumdrehen bin ich plötzlich aus der Rolle des
Helfenden und Heilenden in die Rolle des Patienten gerutscht. Jetzt bin ich der Patient, der Hilfe
und Heilung für seine Enttäuschung und Verletzung suchen muß. Jetzt geht der Kampf nicht
mehr um den anderen, sondern um mich selbst.
Für solche Situationen finde ich ein Wort aus dem
Jakobskampf sehr hilfreich, wo Jakob auf dem
Höhepunkt des nächtlichen Kampfes mit dem
Engel sagt: „Ich lasse dich nicht los, es sei denn, du
segnest mich." (Gen 32,27) Er will als Gesegneter
aus dem Kampf hervorgehen, obwohl er eine
lebenslange Wunde davonträgt. (Vgl. Gen 32,32f)
Wenn ich manchmal in einer schwierigen Situation bin und nicht recht weiß, wie es weitergehen
soll, dann sage ich mir gelegentlich: „Vielleicht

geht es jetzt gar nicht darum, ob ich dieses oder jenes Problem löse, ob ich diesen oder jenen Menschen ändern kann oder nicht, sondern vielleicht geht es jetzt vorrangig um die Frage, wie ich selber damit lebe, daß ich nichts erreichen und das Problem nicht lösen kann." Wie lebe ich also mit meinem Mißerfolg? Allein schon die Tatsache, daß ich mir die Frage so stelle, bringt mich auf neue Gedanken und in neue Verhaltensweisen.

Ich habe mir in einer solchen Situation auch mal gesagt: „Ich möchte an meinem Amt nicht krank werden." Das klingt wohl etwas komisch, aber es ist lediglich als Herausforderung an mich selber gemeint: Ich möchte nicht krank werden an dem, was schwierig ist oder was Mißerfolg ist, auch wenn es mal wie eine persönliche Katastrophe aussieht. Ich habe natürlich nichts dagegen, wenn ich trotzdem krank werde, denn warum soll man an seiner Lebensaufgabe nicht auch krank werden dürfen? Aber wenn ich trotzdem die obige Formulierung gewagt habe, dann steckte darin die Aufforderung an mich selber, mit dem, was mir gelegentlich so hart und verletzend ist, positiv umgehen zu lernen und daran eher gesünder als kränker zu werden. Das heißt: durch die Krise gestärkt zu werden oder dadurch neue Ressourcen und neue Wege für mein eigenes Leben zu entdecken.

Wir können auch noch einen Schritt weitergehen. Vor längerer Zeit hatte ich einige schwierige Dinge, die mich ziemlich belastet und geärgert haben und zwar nicht das erste Mal, sondern seit langem. Sie kennen solche Situationen ja auch in Ihren medizinisch-pflegerischen Bereichen, wie auch überall dort, wo es um den Umgang mit Menschen und Problemen geht. In solch einer Situation dachte ich also angestrengt darüber nach, wie es weitergehen und wo ich denn eine Lösung für diese langwierigen Probleme finden könnte. Plötzlich kam mir der Gedanke: „Was denken denn jetzt die anderen über mich? Stehe ich vor ihnen nicht da als einer, der versagt hat, weil er die anstehenden Probleme nicht lösen konnte?"

Auf einmal kam mir ein Gedankenblitz und ich sagte mir: „Muß man denn einmal sagen können: ‚Der Abt Fidelis, der konnte alle Probleme seines Klosters lösen. Der konnte mit den schwierigsten Situationen umgehen, und er war immer fröhlich dabei.'" In diesem Augenblick mußte ich laut lachen. Ich kam mir plötzlich ganz ulkig vor. Es wurde mir schlagartig klar, daß ich mit dem unausgesprochenen Anspruch an mich selber lebte, ich müsse in der Lage sein, alle Probleme lösen zu können, und dürfe niemals einen Fehler machen. Jetzt kam mir das geradezu lächerlich vor. Warum sollte man denn über mich sagen müssen, daß ich jede nur denkbare Situation meistern konnte und ich nie hilflos oder mit etwas überfordert war? Ist es denn wirklich so schlimm, wenn ich nicht allmächtig bin? Wieder mußte ich über mich lachen. Es war wie ein Erlebnis von Freiheit. Es ging mir auf, daß ich ja gar nicht der perfekte Obere sein kann und es auch gar nicht sein muß. Es war, als würde eine Last von mir abfallen.

Und dann fiel mir etwas ganz Frommes ein, das ich selber öfters gesagt habe: „Der eigentliche Abt bin nicht ich, sondern das ist Gott selber." Solche Aussprüche sind auch sonst im kirchlichen Milieu üblich. Aber was heißt das tatsächlich in der gelebten Praxis? In meinem Fall heißt das, daß Gott selbst der eigentliche Arzt und Heiler einer beschädigten und kranken Situation ist. Und ich muß mich fragen, ob ich das denn tatsächlich glaube, oder ob ich praktisch doch der Überzeugung bin, daß ich – und nur ich – für sämtliche Problemlösungen ganz persönlich zuständig bin.

Ich nehme an, Sie verstehen mich richtig. Ich meine nicht, es sei egal, wieviel man zuwegebringt. Ich meine nicht, daß solch ein Gedanke als Ausrede für Nichtstun und Bequemlichkeit benützt werden darf. Wir sollen tun, was wir nur können und mit äußerstem Einsatz arbeiten. Die Menschen brauchen uns. Aber wenn ich alles getan habe und mir trotzdem kein Erfolg beschieden ist, dann mindert das nicht meinen Wert als Mensch, als Oberer, als Arzt. Ich werde auf die Grenzen alles Menschlichen hingewiesen und auf das klare Faktum, daß ich ja gar nicht der Letztverantwortliche bin und daß es jetzt darum geht, meine Grenzen zu akzeptieren und dabei noch gelassen und fröhlich zu sein. Und das könnte ja vielleicht sogar die Voraussetzung sein, um mit dem genannten Problem überhaupt erst weiterzukommen: Gelassenheit und Friede mit sich selbst sind immer noch ein besseres Mittel, in verfahrenen Situationen weiterzukommen, als frustriert oder aggressiv zu reagieren.

Ignatius von Loyola hat einmal gesagt: Man solle arbeiten, als ob alles nur auf einen selber ankäme und man solle beten und glauben, als ob alles nur von Gott abhinge. Das klingt zwar nicht sehr logisch und bietet uns keine billige Lösung an, aber ich denke, Ignatius formuliert genau jene Dialektik, in der wir leben und leben müssen: Äußerster Einsatz mit all unseren Kräften, aber mit äußerstem Gottvertrauen in dem Wissen, daß der Herr der eigentliche ARZT und ABBAS ist, der letztlich alles in der Hand hat und der die Heilung und den Segen geben muß – jenseits unserer Schwachheit und Begrenztheit.

Manchmal bin ich dann sehr beeindruckt, wenn ich erfahren darf, daß sich ausgerechnet dort sehr Heilsames in mir und um mich herum ereignet, wo ich mit meiner Schwachheit und meinen Gren-

zen konfrontiert wurde und sie akzeptieren konnte. Gott hatte die Dinge selber in die Hand genommen. Und ich hoffe, daß auch Sie diese Erfahrung schon gemacht haben und noch oft machen dürfen.
Ich wünsche Ihnen, daß Sie weitere 75 Jahre lang den Weg des Missionsärztlichen Instituts weitergehen können, mit vollem Einsatz, mit großer Sensibilität für die Menschen, und schließlich mit letztem und äußerstem Gottvertrauen.

7. Anhang

Hier möchte ich noch einige Erfahrungen und Einsichten anfügen, die ich erst nachträglich gemacht habe, die aber gut in den Zusammenhang dieses Themas passen und gleichsam ein Kommentar dazu sind.

a) Eine noch frische Erfahrung

Wenige Wochen nach diesem Vortrag kam ich als Patient in die Missionsärztliche Klinik in Würzburg und verbrachte dort einige Wochen. Da der Vortrag noch voll in mir lebendig war, war ich auch sehr sensibel für das, was in der Klinik mit mir geschah. Zwei Erfahrungen möchte ich hier schildern.
Während meines Aufenthaltes in der Klinik mußte ich mich einer Untersuchung unterziehen, die technisch nicht einfach und teilweise auch schmerzhaft war. Als ich in den Raum geschoben wurde, in dem die Untersuchung stattfinden sollte, schauten die Apparate etwas bedrohlich auf mich herab. In diesem Augenblick war ich nicht sehr mutig. Das änderte sich aber bald.
Ich merkte schnell, daß der Arzt mit seiner Mitarbeiterin und seinem Mitarbeiter ein gut eingespieltes Team waren. Ich staunte über die technische Perfektion, mit der sie die etwas komplizierte und langwierige Prozedur Schritt um Schritt voranbrachten.
Gleichzeitig spürte ich, wie sie auch immer das Wohlbefinden des Patienten im Auge hatten und sich stets vergewisserten, wie es ihm geht. Schmerzen und Unannehmlichkeiten waren trotzdem nicht vermeidbar. Sie wurden mit viel Verständnis kommentiert. Es gab auch kleine Pausen. Aber

die Prozedur wurde zielstrebig und professionell zu Ende geführt.
Das Resultat der Untersuchung war sehr erfreulich und beruhigend. Aber den tiefsten Eindruck hatte auf mich die Art und Weise gemacht, wie die ganze komplizierte Prozedur vor sich ging.
Es war eine erstaunliche Kombination von technischer Professionalität und gleichzeitig hoher Sensibilität für das Wohlbefinden des Patienten. Man hat nach Möglichkeit Rücksicht genommen, die Schmerzen für den Patienten erträglich zu halten, aber gelegentliches Stöhnen hat auch nicht gehindert, die Prozedur zielstrebig voranzubringen, denn das war ja auch im Sinne des Patienten.
Ich erzähle das hier, weil ich es nicht für sehr alltäglich halte, daß technische Professionalität so selbstverständlich mit großer Sensibilität für den Menschen einhergeht und daß trotz Rücksicht auf Unannehmlichkeiten und Schmerzen, die ganze Prozedur zielstrebig vorangetrieben wurde.
Trotz dieser für mich etwas mißlichen Lage erinnerte ich mich jetzt spontan an jenes Kapitel meines Vortrages, wo ich das Wort Benedikts kommentierte, daß der Abt „die Fehler klug und liebevoll ausrotten" soll, also mit Effizienz und Sensibilität zugleich. Diese Erfahrung war ein erlebter Kommentar zu jenem Wort des hl. Benedikt und ich war sehr glücklich darüber. Es war für mich wie eine Modellerfahrung, die einen vitalen Geschmack davon vermittelt, wie es sich anfühlt, wenn sich effizientes, vielleicht schmerzliches Eingreifen mit großer Sensibilität verbindet. Diese Erfahrung wirkte noch einige Zeit als ganz helle Erinnerung in mir nach.
In diesen Zusammenhang gehört noch eine andere Erfahrung, die ich in dieser Zeit gemacht habe: Bei medizinischer Behandlung denkt man zu-

nächst an Medikamente und Maschinen. Wenn man aber wie ich auf der chirurgischen Abteilung liegt, – natürlich gelten auch für die anderen Abteilungen ähnliche Erfahrungen – dann merkt man sehr schnell, daß es im wahrsten Sinne des Wortes um eine *Be-hand-lung* geht, daß ganz konkret Hand angelegt wird.

Schon die Operation, wenn einem etwa der Bauch aufgeschnitten und wieder zugenäht wird, ist ein sehr *hand-greif-licher Ein-griff* in die sehr persönliche Sphäre des eigenen Leibes. Dazu kommen dann unzählige *Ein-griffe* und *Zu-griffe* an verschiedensten Teilen des Leibes, auch dort, wo man sich nicht von jedem anfassen lassen würde. Dabei wurde mir bewußt, daß man bei der Pflege nicht nur einen Teil des Körpers berührt, sondern den ganzen Menschen, auch seine Seele. Die einfühlsame Sorge für den Leib kann so unmittelbar zur *Seel-sorge* werden, die der Seele des Menschen guttut, weil ihm etwas von seiner Würde vermittelt wird. Genauso wie nachlässige oder gefühllose *Ver-sorg-ung* den Menschen in seiner innersten Würde verletzen und entwürdigen kann. Das ist vielleicht keine besonders originelle Einsicht. Ich habe das auch vorher schon gewußt oder hätte es mir aufgrund psychologischer Überlegungen denken können. Aber es ist eben ein Unterschied, ob man sich das denken kann, oder ob man es erfährt und erlebt und das über Wochen hin. Und da ich in meinem Leben selten wirklich krank war, habe ich es erstmals wirklich bewußt so erlebt.

Ich schreibe das nun nicht, um von mir zu erzählen, sondern weil mir damit eine neue Seite des ärztlichen und pflegerischen Dienstes bewußt geworden ist: Die *hand-greifliche* ärztlich-pflegerische Arbeit kann schon unmittelbar die Seele des Menschen berühren, zur konkreten *Seel-sor-*

ge werden. Die väterlich-mütterliche Aufgabe, die seelsorgliche Verpflichtung des ärztlichen und pflegerischen Dienstes meint nicht unbedingt, daß man auch noch für die seelischen Nöte des Patienten offen sein muß – so gut auch das ist – sondern daß eine einfühlsame Leibsorge gleichzeitig auch schon Seelsorge ist, weil sie den Menschen in seiner Würde berührt, ihn seine Würde spüren läßt und ihn aufrichtet, gerade dann, wenn er im wahrsten Sinn des Wortes darniederliegt. Das Ausmaß, in dem ich während meines Klinikaufenthaltes solch leibhafte *Seel-sorge* erfahren durfte, hat mich überrascht. Dabei war für mich beachtlich, daß dies nicht nur auf erfahrene Ärzte, Schwestern und Pfleger zutraf, sondern auch auf die Schülerinnen und Schüler der Krankenpflegeschule, die intensiv auf Station Dienst taten. Ich weiß nicht, wie es gelingt, sovielen jungen Leuten eine solche Sorgfalt im Umgang mit der *Leib-Seele* des Menschen zu vermitteln. Aber mir gibt diese Erfahrung die Hoffnung, daß es kein leeres Reden ist, von der seelsorglichen Bedeutung des ärztlichen und pflegerischen Dienstes zu sprechen, gerade auch im Blick auf die nachwachsende Generation.

b) Der indianische Heiler

Während meines Klinikaufenthaltes besuchte mich Orlando Vásquez, ein peruanischer Freund, mit dem ich kürzlich ein Buch über Erfahrungen mit den Indianern in Peru veröffentlicht habe.[*]

---

[*] Fidelis Ruppert OSB / Orlando Vásquez, Mein Geliebter, die riesigen Berge. Erfahrungen in den Bergen von Peru. Illustrierte Ausgabe. Vier-Türme-Verlag Münsterschwarzach 1996

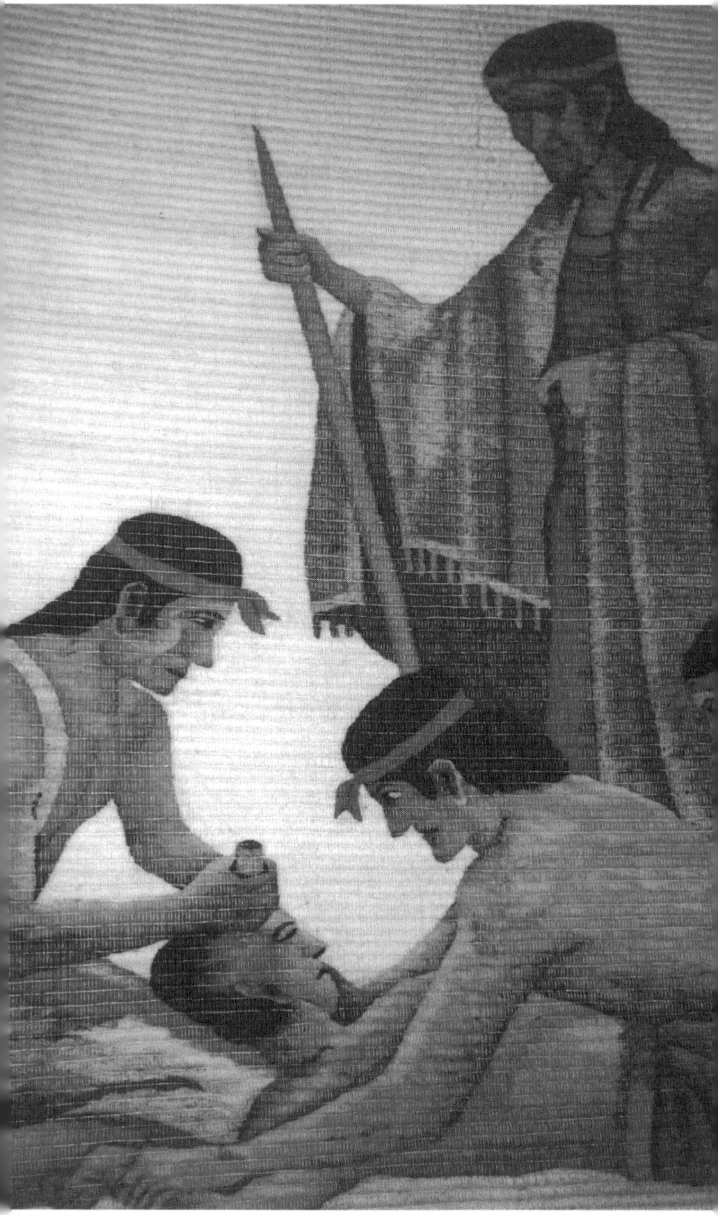

Er brachte für den Arzt einen handgewebten Teppich mit, der das Verständnis des Arztes in der indianischen Tradition illustrierte. Das hier beigefügte Foto kann nicht die Farbigkeit des Teppichs wiedergeben, aber es zeigt deutlich die Funktion des Arztes. Ich füge hier die Erklärung von Orlando Vásquez an, weil sie die Thematik meines Vortrages von einer neuen Seite her beleuchtet: Es wird hier eine traditionelle Operation dargestellt. Der oberste Arzt und Priester nimmt nicht selbst die Operation vor. Das überläßt er seinen Helfern. Er selber hat eine mehr spirituelle Aufgabe. Deshalb steht er frei und aufrecht da und prägt gleichsam die geistige Atmosphäre, in der diese Operation stattfindet.

Der Priester und Heiler ist zuständig für den geistigen Energiefluß der Person, die operiert wird. Der Mensch wird krank, wenn der Fluß der Lebensenergie (in Quechua: kausay) nicht mehr in Harmonie ist. Deshalb muß gleichzeitig mit der körperlichen Operation auch der spirituelle „Energiehaushalt" neu harmonisiert werden. Der Heiler und Priester vermittelt diese geistige Energie. Der Mensch ist nur dann wirklich gesund, wenn seine Lebensenergie harmonisch fließt. Dann bricht auch die Freude am Leben durch. Deshalb bedeutet kausay nicht nur Lebenskraft sondern auch Lebensfreude. Hier wird auf anschauliche Weise das Ineinander von körperlichem und seelischem Heilsein dargestellt, die Einheit der Doppelfunktion des Arztes.

Ansgar Stüfe OSB

Der Arzt als Abt

1. Was haben Benediktiner mit Medizin zu tun?

Beim Stichwort Benediktiner fällt kaum jemandem als erstes der Arzt ein. Viel eher denken viele an ernste, über den Büchern sitzende Männer, schwer arbeitende Handwerker oder gar an Maßkrug stemmende Mönche. Dabei waren die mittelalterlichen Ärzte fast alle Benediktiner. Wer sich Zeit nimmt, das Grab Kaiser Heinrichs und seiner Frau Kunigunde im Bamberger Dom genauer anzuschauen, wird eine erstaunliche Entdeckung machen. Tilman Riemenschneider hat an den Seitenansichten des Hochgrabes Szenen aus dem Leben beider Heiligen in Stein gemeißelt. Eines der Bilder zeigt, wie Heinrich gerade von einem Steinleiden geheilt wird. Der Kaiser liegt im Bett und an dessen Fußende steht ein Mönch mit einem Messer in der Hand. Es ist der Heilige Benedikt als Arzt. Die ärztliche Tradition der Benediktiner war also zur Zeit Riemenschneiders noch so lebendig, daß der Bildhauer Benedikt als Symbolfigur für den Arzt nehmen konnte. Diese Darstellung hat eine doppelte Bedeutung. Sie zeigt den Heiligen in der Kleidung des Mönchs, der nicht gerade dabei ist, den Stein herauszuschneiden, sondern nur das Messer symbolisch in der Hand hält. Dieses Messer weist auf seine ärztliche Tat und gleichzeitig auf den Spruch der Regel hin, daß der Abt unter ganz bestimmten Bedingungen „das Messer ansetze zum Abschneiden. Es gelte, was der Apostel sagt: ‚Schafft den Übeltäter weg aus eurer Mitte.'" (RB 28.6)

Tilman Riemenschneider gelang es, das Thema dieser Kleinschrift eindrucksvoll ins Bild zu setzen, nämlich den Abt als Arzt. Wer zu einer so subtilen Symbolik fähig ist, muß die Regel Benedikts gut gekannt haben.

Es gab also eine ärztliche Tradition bei den Benediktinern nicht nur im symbolischen Sinn. Mönche waren ärztlich tätig, allerdings in dem sehr begrenzten Rahmen mittelalterlicher Heilkunst. Diese Begrenzungen haben dann auch der stürmischen Entwicklung der naturwissenschaftlichen Medizin nicht standhalten können, so daß die medizinische Tradition der Benediktiner in Vergessenheit geraten ist. Leider ist nicht nur der rein medizinische, sondern auch der geistliche Rahmen vergessen worden, in dem Benediktiner als Ärzte tätig waren. Vielleicht würde es sich lohnen, diesem Geist wieder nachzuspüren. Hier soll aber keine historische Abhandlung geschrieben werden. Ich möchte viel mehr schildern, wie aus meiner persönlichen Erfahrung die Ratschläge Benedikts den ärztlichen Alltag beeinflussen können. Wie eingangs erwähnt, bin ich als Arzt im ostafrikanischen Tansania tätig. Daher werden die Erfahrungen einer anderen Kultur, die dem Lebensgefühl der Zeit Benedikts noch näher steht, immer wieder zur Sprache kommen.

2. Das Menschenbild des Arztes

Die Erkenntnisse der modernen Naturwissenschaft haben unser Gefühl vom Leben, unsere Einstellung zur Natur und damit zur Krankheit wesentlich beeinflußt. Krankheit und Tod scheinen unter Kontrolle geraten zu sein.
Die Erfahrung von Tod in der näheren Verwandtschaft und Bekanntschaft ist selten geworden. Ich selbst habe den ersten Toten nicht vor meinem Medizinstudium gesehen. Das Leben in Gesundheit wird als das Normale angesehen und jede Krankheit erscheint als Funktionsstörung eines ansonsten völlig normal arbeitenden Organismus. Der Arzt soll seine Kenntnisse entsprechend anwenden, um den reibungslosen Ablauf der Maschine Körper sicherzustellen. Diese Einstellung kommt nicht von ungefähr.
Im letzten Jahrhundert wandten beeindruckende Forscherpersönlichkeiten die Kenntnisse der Chemie und der Physik auf den menschlichen Körper an. Der Körper wurde untersucht und behandelt wie jeder andere biologische Organismus auch. Lange Zeit hatten religiöser Aberglaube und unverständliche Vorschriften diese Entwicklung behindert. In vielen Ländern und Gesellschaften war die Sektion von Leichen verboten, obwohl es rühmliche Ausnahmen gab. Nach der Säkularisation fühlten sich die Forscher frei, „reine" Wissenschaft zu betreiben. Religiosität oder Frömmigkeit wurde Sache des Privatlebens und hatte mit dem wissenschaftlichen Alltag nichts mehr zu tun. Die Abwehrhaltung der Kirche gegen die Naturwissenschaft förderte noch diese Haltung. Bis vor kurzem galt es als unmöglich, daß ein Katholik wissenschaftlich denken könne. Es sei nur an die Auseinandersetzung um die Evolutionslehre erinnert. Der menschliche Kör-

per und seine Funktion wurden also nach rein materiellen Gesichtspunkten erforscht. Dies brachte zunächst ungeheure Erfolge. Die Krankheitsursachen konnten in nur wenigen Jahrzehnten entdeckt werden. Im 20. Jahrhundert gelang es den Ärzten, viele Krankheiten zum ersten Mal in der Geschichte wirklich zu heilen. Die großen Seuchen gehören in den Ländern des Westens heute der Vergangenheit an. Die Beherrschung der Materie hat Fortschritt gebracht und das Leben insgesamt lebenswerter gemacht. Aber alles hat seinen Preis. Die Beherrschung vieler Krankheiten hat die Illusion erzeugt, alles, ja auch der Tod, sei kalkulierbar geworden. Jeder vernünftige Mensch weiß natürlich, daß das Unsinn ist. Dennoch können sich viele Menschen nicht damit abfinden, daß auch heute noch viele Krankheiten zum Tode führen. Sehr schnell sind sie bei der Hand, den Arzt für den fatalen Verlauf verantwortlich zu machen und oft bekommt der Arzt zu hören, dieser Patient hätte noch nicht sterben müssen. Bei den Methoden der modernen Medizin könne es doch gar nicht möglich sein, daß es keinen Ausweg mehr gegeben habe. Bei aller Kritik an der Apparatemedizin werden gerade in aussichtslosen Situationen Wunder von neuen Technologien erwartet. Dabei wird verdrängt, daß irgendwann einmal doch eine unheilbare Krankheit jedem Leben ein Ende setzen wird.
Es gibt kaum einen Arzt, der nicht mit dieser Haltung seiner Patienten konfrontiert wurde. Auch ich litt darunter, bevor ich meine Arbeit in Afrika begonnen hatte. Die Begegnung mit meinen afrikanischen Patienten haben mir völlig neue Horizonte erschlossen und mein Bild von der Krankheit und vom Patienten verändert. Dabei kam mir ein Schlüsselerlebnis zu Hilfe.
Oft kommen auch in Tansania Patienten mit

Bagatellbeschwerden in die Sprechstunde. Die subjektiven Beschwerden werden jedoch als sehr bedrohlich empfunden, weil der Patient nicht erkennen kann, wie gefährlich sie für ihn sind. In Tansania steht der Tod noch oft an der Türschwelle, daher fürchten sich die Menschen rascher als die Europäer.

Ich wollte nun einen Patienten mit einem Satz beruhigen, der weder besonders klug noch wirksam war, der aber witzig sein sollte. Ich sagte also: „Zum Sterben reicht es noch nicht!"

Da schaute mich der Patient ganz erstaunt an und sagte:

„Sterben müssen wir alle. Ich und Du ebenso. Das brauchst Du mir jetzt nicht zu sagen. Ich bin gekommen, weil es mir schlecht geht. Deine Aufgabe ist es, mir zu helfen. Erzähle mir nicht, ob und wann ich sterben soll. Das ist nicht Deine Sache!"

Diese kurze Belehrung traf mich mitten ins Herz. Schlagartig begriff ich, wie auch ich vollständig von der Lehre der Machbarkeit erfaßt war. Tatsächlich bildete ich mir ein, mit meinen wissenschaftlichen Methoden eine Prognose stellen zu können, so weitgehend, ob jemand sterben müsse oder noch leben könne. Welche Anmaßung ist das doch. Wie leicht könnte es sein, daß eben dieser Patient schon am nächsten Tag bei einem Unfall stirbt? Ist es nicht auch klar, daß viele Krankheiten oft nicht vorhergesehen werden können? Wie kann es nur dazu kommen, daß Ärzte sich so überschätzen?

Es liegt am Menschenbild, das durch die Naturwissenschaften geprägt ist. Der naturwissenschaftliche Forscher darf nur dem trauen und glauben, das er selbst als wahr und richtig gefunden hat. Auch die Befunde anderer muß er entsprechend prüfen. Er ist also auf die eigenen Sinne und

Einsichten angewiesen. Dabei geht die Dimension verloren, die über den Menschen selbst hinausweist. Der Mensch wird sozusagen in das persönliche Erkenntnisfeld des Arztes einbezogen und gleichzeitig beschränkt. Überspitzt formuliert, wird der Patient zum geistigen Eigentum des Arztes. Daher darf sich eigentlich auch kein Arzt wundern, wenn ein Patient ihn so fordert. Denn seine naturwissenschaftliche Grundhaltung hat die Menschen glauben gemacht, daß alles machbar sei.

Die Regel des Heiligen Benedikt stellt dem eine radikal andere Einstellung entgegen. Der Abt hat eine ganz ähnliche Funktion wie der Arzt, da ihm Menschen unterstehen. Die Machtfülle des Abtes ist groß und er könnte durchaus zu ähnlichen Fehlhaltungen neigen, wie ich sie oben, beim modernen Arzt, geschildert habe. Wie will Benedikt das verhüten? Er zitiert lediglich kurz und bündig die Bibel mit dem Satz:

„Wem mehr anvertraut ist, von dem wird mehr verlangt." (RB 2.30)

Auf den ersten Blick könnte dieser Satz, auf den ärztlichen Beruf angewandt, die Anspruchshaltung der Patienten bestätigen. Es geht aber hier um etwas anderes. Dem Abt und auch dem Arzt werden Menschen anvertraut. Wer vertraut da wem etwas an? Es ist Gott selbst, der dem Arzt diese Menschen anvertraut. Jeder Mensch ist ein Geschöpf Gottes und für Benedikt ist gerade der Kranke Jesus selbst, wie er im Kapitel über die Kranken ausführt.

Es handelt sich bei der Verantwortung des Arztes um eine geliehene Macht, die auch wieder eingefordert werden kann. Sein Tun und Können ist begrenzt durch die weitere Dimension des Menschen, der nicht nur Organismus ist, sondern im Wissen um den Tod über seine Natur hinaus geschaffen ist. Der Arzt steht in einer sehr hohen Verantwortung, die von ihm auch zurückgefordert wird, aber sie kommt von einer übergeordneten Dimension, die ihm Rahmen setzt und letztlich auch beisteht. Das bedeutet eine große Erleichterung für beide Seiten, für den Arzt wie auch für den Patienten. Der Arzt weiß, daß er im begrenzten, ihm von Gott anvertrauten Rahmen, tätig sein und er da sein Bestes tun muß, daß aber die Dimension des Todes nicht in seinen Händen liegt. Der Patient muß wissen, daß der Arzt lediglich im Rahmen seines Wissens handelt, auf das er auch Anspruch hat, daß er aber insgesamt Gott anvertraut ist und nicht einem einzigen, zufällig ihn behandelnden, Arzt.

Mein afrikanischer Patient wußte das schon lange. Er weiß bis heute nicht, wie sehr er mir die Augen für den ganzen Menschen geöffnet hat. Die Begegnung mit den Patienten einer mir fremden Kultur hat mich für neue Entdeckungen offen gemacht und mein Menschenbild neu geformt. Die Beziehung zwischen Arzt und seinem Patienten ist keine Einbahnstraße, sondern eine dynamische Beziehung, die beide mit der Zeit verändern kann.

3. Beziehung zwischen Arzt und Patient

Der Abt eines Klosters ist kein Einsiedler, sondern ihm sind Menschen anvertraut. Wie soll er aber mit diesen Menschen umgehen? Es läge nun nahe zu sagen, daß es der Arzt ja leichter habe. Er sieht den Patienten nur kurzfristig und soll ja Krankheiten beseitigen, nicht Seelen führen. Aus dem letzten Abschnitt haben wir aber gesehen, daß dies ein Trugschluß ist. Der Arzt, der nur die Krankheit sieht und die Gesamtdimension des ihm – wenn auch zeitlich begrenzt – anvertrauten Menschen vernachlässigt, wird der Realität menschlichen Lebens nicht gerecht. Er sieht den Menschen nur ausschnitthaft und damit unvollständig. Benedikt sagt dem Abt daher:
„Nach der Eigenart und Fassungskraft jedes einzelnen soll er sich auf alle einstellen und auf sie eingehen. So wird er an der ihm anvertrauten Herde keinen Schaden erleiden, vielmehr kann er sich am Wachsen einer guten Herde erfreuen." (RB 2.32)

Das ist eine gewaltige Forderung. Auf den Arzt übertragen bedeutet dies, er solle sich dem Charakter eines jeden Patienten anpassen und auf ihn eingehen!
Geht so etwas überhaupt? Falls ein ärztlicher Kollege diesen Text liest, höre ich fast schon, wie er aufstöhnt, was solle man denn noch alles tun! Viele Ärzte fühlen sich durch einen solchen Anspruch überfordert. Überforderung rührt aber meistens von Unkenntnis. Wann lernt der Medizinstudent eigentlich, wie er ein Verhältnis zum Patienten entwickeln soll? Hat er je Vorbilder gehabt, von denen er den Umgang mit leidenden Menschen lernen konnte? Sicher gibt es gute ärztliche Vorbilder. Sie stehen aber nicht im Mittel-

punkt der Lehre. Daher kann es gar nicht schaden, bei Benedikt in die Schule zu gehen.
Benedikt wünscht sich hörende Menschen. Das erste Wort der Regel lautet: „Höre!".
Der Arzt soll also zunächst dem Patienten zuhören. Er muß so das hörende Gespräch lernen. Der Patient ist oft nicht in der Lage oder auch nicht bereit, alles von sich auszubreiten. Der Arzt kann daher bei der ersten Begegnung seine Eigenart nicht leicht erkennen. Daher soll er sich vor voreiligen Urteilen hüten und den Patienten zum Sprechen ermuntern. Der hörende Arzt wird dann auch nicht gleich Antworten geben wollen. In unserer Welt verlangt alles eine schnelle Erklärung, die oft nur die halbe Wahrheit enthält, weil zu einem gewissen Zeitpunkt der Kenntnisstand gar nicht zu einer vollständigen Aussage ausreicht. Daher muß der Arzt von vornherein der Versuchung widerstehen, den Patienten beeindrucken zu wollen. Er soll in erster Linie die Bedürfnisse des Patienten vor Augen haben und nicht seine eigenen. In dessen Interesse muß er es ab und zu aushalten, nicht als Alleswisser glänzen zu können. Ganz besonders trifft dies in Gesprächen zu, bei denen es um Krankheiten mit tödlichem Ausgang geht.
Normalerweise besteht ein großer Widerstand gegen die Erkenntnis, von einer solchen Erkrankung befallen zu sein. Dennoch wollen die meisten Menschen wissen, woran sie erkrankt sind. Dem Arzt steht es nicht zu, selbst zu entscheiden, was er seinem Patienten mitteilt. Er muß den Patienten vorsichtig an das Problem heranführen und aus den Antworten heraushören, was er ihm als nächstes zumuten kann. Nimmt er sich diese Zeit, merkt der Patient, daß er ernst genommen wird und faßt Vertrauen zu ihm. Der Arzt muß sich immer bewußt sein, daß der Pa-

tient in einer wesentlich schwierigeren Lage ist als er selbst. Er muß nur sein Wissen anwenden, das er schon in anderen Situationen erprobt hat. Der Kranke ist aber mit einer für ihn einmaligen Lage konfrontiert, die oft im wahrsten Sinne des Wortes mit Sein oder Nichtsein zu tun hat. Wieder geht es also darum, daß der Arzt sich beschränkt und seine durchaus begrenzte Rolle akzeptiert. Dann fällt ihm das Anpassen an die Bedürfnisse des Patienten auch leichter. Er ist nicht für das Schicksal des Kranken verantwortlich, sondern er beeinflußt es nur in einer bestimmten Situation.

Im Medizinstudium lernt jeder Arzt, wie er den Erfolg einer Therapie beurteilen kann. Auch dazu gibt Benedikt einen Hinweis, wie der Erfolg einer Beziehung zu bewerten ist. Der erste Hinweis ist der Verlust. Ein Patient, der nicht mehr auftaucht, der das Gespräch verweigert, und letztlich jeder ärztlichen Handlung entzogen und in seinem Leid allein gelassen ist, wäre das extremste Beispiel des Mißerfolgs. Das läßt sich allerdings recht schnell erkennen. Schwieriger ist es jedoch, zu beurteilen, ob man auf dem richtigen Weg ist, einen Bezug zum Patienten herzustellen. Für einen Heiligen der ausgehenden Antike gibt Benedikt einen recht überraschenden Hinweis, nämlich die Freude. Der Arzt wird sich am Gedeihen seines Patienten erfreuen können, wie es der Abt auch beim Wachsen einer guten Herde tun kann. Das heißt, in der Seele eines Heilers muß es eine Antenne für das Wohlergehen seiner Patienten geben und das Signal, das sie auffängt, ist die Freude. Ich selbst habe im Umgang mit den Patienten viel zu lernen gehabt. Die Rückwirkung auf mich war mir immer das sicherste Erkennungszeichen, wie gut oder schlecht ich mit einem Kranken umgegangen bin.

In meinem ersten Jahr als Assistenzarzt wurde ich zu einem Patienten gerufen. Der Arzt, der ihn sonst behandelte war in Urlaub. Es handelte sich um einen jungen Mann, der unter einem bösartigen Lymphknotenkrebs litt.
Er war noch keine 25 Jahre alt und lehnte sich mit aller Kraft gegen sein Schicksal auf. Er kam ins Krankenhaus, um die Behandlung fortzusetzen. Meine Aufgabe wäre es nur gewesen, ihm Blut abzunehmen. Als er mich nun sah, war er sehr enttäuscht, nicht von seinem gewohnten Arzt behandelt zu werden. Er war geradezu erbittert. Ich bemerkte das sofort und fühlte mich zutiefst verunsichert. Daher versuchte ich erst gar nicht ein Gespräch anzufangen und mir wenigstens seine Ängste anzuhören, ich war viel zu sehr mit meinen eigenen beschäftigt. Als ich nun die Nadel in die Vene einführen wollte, schrie er auf und sagte mir, das hätte noch nie so geschmerzt wie dieses Mal. Nachdem auch ein zweiter Versuch scheiterte, rief ich einen älteren Kollegen, der dann ganz gut mit dem Patienten zurechtkam. Mit den Jahren lernte ich besser, erst die Situation des Patienten herauszufinden, bevor ich anfing an ihm einen Eingriff vorzunehmen.
Jahre nach dem geschilderten Erlebnis kam es zu Begegnungen, die mich tatsächlich die Freude einer gelungenen Beziehung erleben ließen. Eine ältere Frau war wegen eines bösartigen Leidens in die Klinik aufgenommen worden. Über die Tage der Behandlung gewann ich ein gutes Vertrauen zu ihr. Eines Abends mußte ich die üblichen Medikamente spritzen. Irgendwie hatte ich keinen guten Tag. Erst nach mehrmaligen Versuchen gelang es mir, die Vene zu finden und die Medikamente zu verabreichen. Mir tat das wirklich leid und ich entschuldigte mich. Da antwortete sie zu meiner Verblüffung, daß es bei mir überhaupt

nicht schmerze, weil ich so gut stechen könne. Natürlich kann man nicht schmerzfrei stechen. Die Sympathie und das Vertrauen zu mir haben aber diese Patientin sogar den Schmerz vergessen lassen. Dieses Anpassen und Eingehen auf die Situation und den Charakter des Patienten kann also ganz praktische therapeutische Konsequenzen haben. Es ist ja auch das, wonach der Patient sich sehnt: Vertrauen und Angenommensein in seiner Not.

Es gibt Äbte und Ärzte, die mit zunehmender Erfahrung und aus innerer Freude heraus immer besser mit den ihnen Anvertrauten umgehen können. Es kann soweit gehen, daß viele Menschen von solchen Persönlichkeiten angezogen werden und in ihren Bann geraten. Der Arzt wird das bemerken und er muß mit dieser Gabe sehr vorsichtig umgehen. Es ist eine große Versuchung, eine Begabung im Umgang mit Menschen zu haben. Nichts wäre dann leichter als einen Kreis von Verehrern zu schaffen, die dem eigenen EGO letztlich mehr dienen als dem Wohl der Kranken. Da gibt es dann auf geistlicher Ebene den Guru und bei den Ärzten den Modearzt, dessen Erfolg dann leicht in der Anzahl seiner Häuser und Nobellimousinen abzulesen ist. Benedikt hat auch diese Gefahr gesehen und warnt daher den Abt: „Er soll den einen nicht mehr lieben als den anderen." (RB 2.17)

Der Arzt wie der Abt darf sich also nicht nur um diejenigen bemühen, die ihm sympathisch sind und recht leicht auf eine Beziehung zu ihm eingehen, sondern gerade die schwierigen sind ihm ans Herz gelegt. Das ist dann auch sehr heilsam und bewahrt davor, seine eigene Ausstrahlungskraft zu überschätzen. Heute würde ich daher vor dem schwierigen jungen Mann nicht mehr davonlaufen, sondern mich darum bemühen, so weit es eben geht, auf ihn einzugehen.

Nachdem ich endlich gelernt hatte, auf meine Patienten besser einzugehen, wurde ich in Tansania vor ganz andere Herausforderungen gestellt. Ich hatte vor allem sehr viel weniger Zeit für einen Patienten, als ich es in Europa gewohnt gewesen war. Es wäre völlig utopisch gewesen, durch längere Gespräche, eine Beziehung herzustellen. Nach längerem Suchen habe ich dann doch eine Lösung gefunden. In der Kultur Afrikas steht nicht der einzelne im Mittelpunkt, sondern die Gemeinschaft. Es sind also sehr sozial orientierte Menschen, die es gar nicht gewohnt sind, ganz individuell betreut zu werden. Sie sind aber sehr wohl an gruppenorientiertes Verhalten gewohnt, an Sitten und Bräuche, an Tabus und ganz genau festgelegte Formen der Höflichkeit. Als Ausländer mußte ich diese Formen erst kennenlernen. Anstatt also auf die Eigenart des einzelnen einzugehen, habe ich versucht die Besonderheiten der Gruppe zu ergründen.

Auch hierzu ein kleines Beispiel. Manchmal wird eine ältere Patientin von ihrem Sohn ins Krankenhaus gebracht. Nun ist es völlig undenkbar, daß ein Sohn seine Mutter nackt sieht. Es ist eine grobe Verletzung des Anstandes, wenn der Arzt die Mutter in Anwesenheit des Sohnes untersucht. Seitdem ich das begriffen habe, frage ich immer erst, in welchem Verwandtschaftsverhältnis der Begleiter steht. Wenn es der Sohn ist, sage ich ihm, daß ich jetzt seine Mutter untersuchen möchte und gebe ihm Gelegenheit, aus dem Zimmer zu gehen. Dieses Verhalten bringt mir sofort Vertrauen, weil die Patienten merken, daß ich ihre Bräuche ernst nehme. Wenn ich diese mehr kollektiven Werte beachte, laufe ich auch kaum Gefahr, individuelle Bewunderung zu erwerben und so meinen Auftrag, allen Kranken beizustehen, zu verletzen.

Der Satz Benedikts, der Abt solle den einen nicht mehr lieben als den anderen, meint aber nicht einfach die gerechte Verteilung von Liebe. Liebe geht immer über die Gerechtigkeit hinaus. Gerechtigkeit verlangt, jedem das zukommen zu lassen, was ihm zusteht. Es ist eine Minimalforderung, die man von jedem Arzt seinen Patienten gegenüber verlangen kann. Folgt man aber dem Rat Benedikts, geht es erst und vor allem um die Liebe, die dann jedem in gleichem Maß zukommen muß. Ich muß also wirklich die Menschen lieben, die mir anvertraut sind und ein weites Herz haben. Ein Arzt, der leidende Menschen eigentlich gar nicht ertragen kann, wird diesem Anspruch nicht gerecht werden können. Schon von der Persönlichkeit her muß ein Arzt menschenfreundlich sein und eine Begeisterung entwickeln, leidenden Menschen zu helfen. Diese innere Einstellung spürt der Patient und kann dann auch Fehler verzeihen, die durch Überanstrengung und Schwäche geschehen.

4. Verantwortung des Arztes

Aus dem bisher Gesagten entsteht ein gewaltiger Anspruch an den Arzt. Tatsächlich ist dieser Anspruch notwendig, weil dem Arzt Leben anvertraut ist. Liest man in der Regel Benedikts, so stellt sich bald die Frage, ob es denn überhaupt Menschen gibt, die solche Voraussetzungen erfüllen, die ein Abt braucht. Wir wollen uns von diesen Forderungen an den Abt Anregungen für einen Arzt im benediktinischen Geist geben lassen.
Ideale muß es geben, auch wenn wir sie nicht immer erfüllen können. Es sind Zielorientierungen, ohne die wir überhaupt nicht wüßten wohin wir gehen sollen.
Benedikt sieht das auch so und gibt neben seinen Anspruchsforderungen auch Anweisungen, wie der Abt mit ihnen besser umgehen kann. So schreibt er:
„Sooft etwas Wichtiges im Kloster zu behandeln ist, soll der Abt die ganze Gemeinschaft zusammenrufen und selbst darlegen, worum es geht. Er soll den Rat der Brüder anhören und dann mit sich selbst zu Rate gehen. Was er für zuträglicher hält, das tue er." (RB 3.1–2)

Kein Arzt handelt allein. Schon sein Wissen hat er von anderen bekommen. Er steht also in einer Gemeinschaft und Tradition medizinischer Wissenschaft. Gut verstandene Wissenschaft hält immer den eigenen Irrtum für möglich. Der Philosoph Karl Popper geht so weit, daß er von jedem, der zu einer wissenschaftlichen Erkenntnis kommt, verlangt, selbst alle Gründe zu suchen, mit der man sie widerlegen könne. Für den ärztlichen Alltag mag diese Forderung zu weit gehen. Benedikt verlangt aber vom Abt, daß er bei

jeder wichtigen Angelegenheit den Rat aller Brüder einholen soll. Im medizinischen Bereich gibt es einen jeweiligen Stand des Wissens. Es ist zur Zeit bei umstrittenen Fragen sogar üblich geworden, Konferenzen einzuberufen, um einen sogenannten Konsensbeschluß zu erzielen. Kein Arzt darf einen solchen Rat mißachten. Darüber hinaus muß er sich auch selbst um den neuesten Stand des Wissens bemühen. Benedikt schreibt nicht, der Abt soll warten, bis seine Brüder ihm sagen, welche Meinung sie hätten. Er muß sie selbst einberufen. So muß der Arzt sich ständig darum bemühen, diesen Rat der wissenschaftlichen Gemeinschaft der Kollegen einzuholen.
In der deutschen Medizin gibt es den schönen Ausdruck Konsiliarius. Es handelt sich um einen Kollegen, der gerufen wird, um Rat zu geben. Es gehört immer Demut dazu, vor sich selbst zuzugeben, daß man mit dem eigenen Wissen jetzt nicht weiterkommt. Dann muß der Arzt sich an einen Kollegen wenden, der mehr von der Sache versteht als er selbst. Das gehört zu den Grundsätzen ärztlicher Ethik. Es ist aber nicht bloß eine Art Demütigung, seine eigenen Wissensgrenzen zu bemerken, es ist auch eine große Erleichterung. Der Arzt kann guten Gewissens einem Patienten gegenübertreten. Die Behandlung, die er ihm vermittelt, entspricht dann dem Wissen der Zeit und manchmal der Expertise von hervorragenden Kollegen. Welcher Patient würde sich nicht gern von einem Arzt behandeln lassen, der diesen Gesichtspunkten folgt? Der Satz Benedikts endet aber nicht damit, daß er den Abt auffordert den Rat der Brüder anzuhören. Er fährt fort zu erklären, wie man mit diesem Rat umzugehen habe. Der Arzt kommt also nicht darum herum, trotz aller wissenschaftlicher Grundsatztreue, sich dennoch seine eigene Mei-

nung zu bilden. Er darf das nicht leichtfertig tun, sondern den Rat muß er bedenken und in den meisten Fällen auch annehmen. Dann aber kommt der entscheidende Satz, „er solle das tun, was er für zuträglicher hält". Fast könnte man annehmen, dieser Zusatz hebt das Gewicht des Rates wieder auf. Das ist aber nicht so. Benedikt will nur, daß der Abt für seine Entscheidungen selbst geradestehen muß. Dies hat erhebliche Konsequenzen auch für das ärztliche Handeln. Kein Arzt kann sich dann nämlich hinter allgemeinen Richtlinien verstecken, sondern er muß für all sein Tun die Verantwortung übernehmen.

Der Patient ist dem Arzt immer auf eine gewisse Weise ausgeliefert. Dafür kann er ihn aber auch persönlich verantwortbar machen. In Gewaltregimen und leider auch in religiösen Systemen werden oft Vorschriften vor die Entscheidungsfreiheit des einzelnen gestellt. Innerhalb solcher Systeme sehen viele für sich kein Problem, den Vorschriften zu entsprechen, auch wenn sie anderer Meinung sind. Man redet sich ein, es gebe vielleicht eine höhere Einsicht, die über die eigene hinausgeht und später einmal klarer erkennbar wird. Wie sehr der Arzt heute in solche Konfliktsituationen kommen kann sei an zwei Beispielen deutlich gemacht.

In den Universitätskliniken herrscht ein sehr großer Leistungsdruck. Nur der kommt weiter, der ständig neue wissenschaftliche Ergebnisse vorlegt. Dieser Druck verleitet dann dazu, menschliche und ethische Werte hintanzustellen. So werden neue Medikamente oder Operationsmethoden an Menschen ausprobiert, die nicht unbedingt erfassen, was da mit ihnen geschieht. Ich selbst wurde als Student davon Zeuge. Die Öffentlichkeit ist speziell in Deutschland für solche Vorfälle sehr sensibel geworden, so daß jetzt manche dieser „Studien" in arme Länder verlegt werden, wo sich die Menschen schon überhaupt nicht wehren können. Für alle solche Fälle gibt es Rechtfertigungen. Irgendwann müssen Medikamente zum ersten Mal ausprobiert werden. Dafür gibt es aber genau festgelegte Regeln. Es darf daher niemand bei Experimenten mitmachen, bei denen diese Regeln nicht beachtet werden und nur der Ehrgeiz eines Forschers befriedigt werden soll. Noch heikler wird es, wenn der katholische Arzt mit augenblicklichen Gesetzen der Kirche in Konflikt kommt. Die neuen Möglichkeiten der Medizin, gerade im Fortpflanzungsbereich, haben größte Bedenken bei der Führung der katholischen Kirche ausgelöst. Diese Bedenken stehen im Gegensatz zu den Ansichten der großen Mehrheit der Ärzteschaft. Gerade in diesem Fall wiegt der Rat Benedikts besonders schwer. Der Arzt soll sich tatsächlich den Rat anhören und ihn bedenken, dann soll er aber das tun was er für zuträglicher hält. Niemand, auch der Papst nicht, kann dem Arzt die Verantwortung für sein Handeln abnehmen. Wie immer er sich entscheiden wird, er allein muß dafür geradestehen. Er kann Jahre später seine Entscheidung nicht dadurch rechtfertigen, daß er nur der Vorschrift kirchlicher Oberer gefolgt sei, obwohl er innerlich ganz anders gedacht habe. Seine eigene Entscheidung war es vielmehr, die Folgen hatte für andere Menschen. Es gibt also allgemeine Grundsätze, die Richtschnur ärztlichen Handelns sein müssen. Der Arzt muß sich aktiv mit diesen Grundsätzen auseinandersetzen und dann seine eigene Entscheidung treffen. Es wäre sehr gut, wenn Ärzte sich mehr über diese Probleme persönlich austauschen könnten. Oft handelt es sich ja um ähnliche Konfliktsituationen. In Tansania haben wir dazu eine Vereinigung christlicher Ärzte. Es hat mir immer sehr gut getan, wenigstens einmal im Jahr mit meinen Kollegen zusammenzutreffen und im vertraulichen Gespräch, die Erfahrungen in Konfliktsituationen auszutauschen. Könnten nicht auch Klöster für solche Veranstaltungen Raum und Schutz bieten? Leider kann heute öffentlich kaum noch über Themen wie Geburtenplanung, Abtreibung und Euthanasie aus der persönlichen Erfahrung heraus gesprochen werden. Es hat sich eine derartige Lagermentalität entwickelt, die gerade religiös orientierte Ärzte schweigen läßt, um keine Konflikte zu provozieren. So fühlen sich viele allein gelassen, wenn schwerwiegende Entscheidungen zu treffen sind.

Dabei wäre es doch gar nicht so schwierig, derartige Gespräche zu organisieren. Den enorm hohen Grad an persönlicher Verantwortung, kann der christliche Arzt nur dann tragen, wenn er sich des Rates und der Stütze seiner Mitchristen sicher ist. Daher ist die Empfehlung Benedikts so wichtig, bei allen wichtigen Angelegenheiten den Rat aller einzuholen.

5. Die Persönlichkeit des Arztes

Benedikt stellt hohe Forderungen an den Abt. Wir haben diese Forderungen auf den Arzt übertragen und gesehen, daß demnach der Arzt eine sehr hohe Verantwortung trägt und für sie letztlich allein geradestehen muß. Er ist aber in die Gemeinschaft der Gläubigen miteingebunden, deren Rat er in Anspruch nehmen soll, vor allem von seinen Kollegen. Zudem soll er sich um das rechte Menschenbild bemühen und sein Verhalten ganz auf die Interessen des Patienten einstellen. Nun fragt es sich natürlich, wie denn Menschen beschaffen sein sollen, die solchen Anforderungen standhalten können. Benedikt ist ein Kind seiner Zeit. So war es nicht seine Sache, ein Psychogramm für das Amt des Abtes zu entwerfen. Er hat aber in seiner kurzen nüchtern römischen Art dennoch wichtige Hinweise auf die Persönlichkeit gegeben, die der Abt haben soll. Wie schon bisher sollen nun diese Hinweise auf den Beruf des Arztes angewandt werden.

a) Wissenschaft und Lebensführung

Der erste Hinweis paßt verblüffend genau auf den Beruf des Arztes. Benedikt schreibt:
„Entscheidend für die Wahl und Einsetzung seien Bewährung im Leben und Weisheit in der Lehre." (RB 64.2)

Auch bei Ärzten gibt es noch eine Standesordnung. In dieser Ordnung werden neben der wissenschaftlichen Qualifikation auch Formen der Lebensführung für den ärztlichen Beruf vorausgesetzt. In vielen Fällen geht es dabei um die Beziehung zwischen den Ärzten untereinander.

Zum Beispiel darf kein Arzt für sich Werbung betreiben. In der Praxis spielt die private Lebensführung aber keine große Rolle. Zum Arztberuf zugelassen werden alle, die das medizinische Staatsexamen bestehen und keine Eintragung ins Strafregister der Staatsanwaltschaft haben. Wahrscheinlich kann der Staat auch nicht mehr fordern und nachprüfen. Bewährung im Leben bedeutet aber ein wenig mehr, als nur keine Verbrechen begangen zu haben. Die Patienten von heute sehnen sich geradezu nach dem liebevollen Arzt, dem sie Vertrauen schenken können. Dieses Vertrauen hängt aber von der Persönlichkeit und vom Lebensstil ab. Der Arzt ist, ob er will oder nicht, eine Person des öffentlichen Interesses. Die Öffentlichkeit legt daher auch Maßstäbe an ihn an, die sie bei sich selbst nicht für nötig hält. In unserer Gesellschaft wird zur Zeit nicht gerade Selbstlosigkeit gepredigt. Der Wille zur Selbstdurchsetzung und das Vertrauen auf die eigene Kraft haben einen viel höheren Stellenwert. Dennoch erwartet man vom Arzt auch heute noch, daß er die Bedürfnisse des Patienten über die eigenen stellt.

Die weltweit bedeutendste medizinische Fachzeitschrift ist das New England Journal of Medicine. Sein Herausgeber Jerome P. Kassirer wurde im Februar 1997 gefragt, was er einem frisch approbierten Arzt raten würde. Er gab zur Antwort:

„Es ist ein großes Privileg, Arzt zu sein. Betreiben Sie Medizin mit den besten wissenschaftlichen Grundlagen, lernen Sie Ihren Patienten kennen und setzen Sie seine Interessen immer an erste Stelle. Dann werden Sie eine höchst befriedigende Laufbahn haben."

Fast könnte man annehmen, Dr. Kassirer hätte die Regel Benedikts gelesen. Ein guter Arzt muß wissenschaftlich möglichst gut ausgebildet sein, aber das genügt nicht. Er muß ganz altmodisch selbstlos sein. Er muß seine eigenen Interessen hinter die seines Patienten stellen. Dazu bedarf es einiger Voraussetzungen in seiner Persönlichkeit. Die Ideale der Demut sind gesellschaftlich nicht erwünscht. Unsere Wirtschaft beruht auf Konkurrenz und Wettbewerb. Innere Haltungen wie Duldsamkeit, Nachgiebigkeit, Großzügigkeit werden oft verächtlich gemacht und als Schwäche ausgelegt. Sollten sich die Werte der liberalen Gesellschaft durchsetzen, wird es auch keine Ärzte mehr geben, die Wissenschaft mit Lebensführung verbinden können. Wo sollen denn diese liebevollen, demütigen, sich ihrer Grenzen bewußten Ärzte herkommen? Letztlich bleibt dies die Herausforderung an die christliche Gemeinde. Ein guter Abt kommt nur aus einer guten Gemeinschaft. Im gemeinschaftlichen christlichen Leben müssen diese Werte eingeübt werden. Wir brauchen Menschen, vor allem in Führungspositionen, die sich wieder offen zu christlichen Werten bekennen. Klösterliche Einrichtungen dürfen nicht nur Stätten persönlicher Sinnsuche sein, sondern müssen auch Orientierung geben für Berufe in der Krise. Bei Berufen in der Krise denken die meisten an Ordens- und Priesterberufe. Der Mangel an christlichen Ärzten ist aber auch immer spürbarer, gerade durch die Trennung von Lebensführung und Wissenschaft. Man meint – vielleicht unbewußt – man kann guter Arzt sein, in dem man lediglich wissenschaftliche Kenntnisse in die Praxis umsetzt. Das ist aber eine schiere Unmöglichkeit, weil der Arzt es eben mit Menschen und nicht mit Maschinen zu tun hat, wie wir bereits festgestellt haben. Er wird also bei der Behandlung seiner Patienten immer auch sein Menschenbild anwenden, nicht nur seine Fachkenntnisse. Diese Zusammenführung von Arbeit und Leben ist der Lieblingsgedanke Benedikts und auch die Grundlage benediktinischen Lebens. So sollte sich auch der Arzt um eine Form geistlichen Lebens bemühen. Er sollte sich die Chance geben, ab und zu auf Distanz zu seinem Alltag gehen zu können. Mir selbst hat unser benediktinisches Chorgebet dazu am meisten geholfen. Der feste Rahmen gibt mir Halt und befreit mich von dem Streß, ständig nach neuen Formen geistlichen Tuns zu suchen. Die Psalmen helfen mir, meine Nöte und die meiner Patienten täglich vor Gott hinzustellen. So wurde mir in den Jahren diese Gebetsform nicht zur zusätzlichen Bürde, sondern zu einer Stütze meiner beruflichen Lasten. Sicher ist das eine besondere Form des Lebens, die nicht gerade die Regel ist. Es wäre aber jedem Arzt eine regelmäßige Form geistlicher Reflexion in einem bestimmten Rahmen zu wünschen. Ich kenne Kollegen, die regelmäßig an Bibelkreisen teilnehmen, Exerzitien mitmachen oder im ganz privaten Rahmen ihre religiösen Wurzeln pflegen. Es ist äußerst ermutigend, daß es immer noch, auch junge, Ärzte gibt, die sich ihrer geistlichen Formung stellen.

b) Der Arzt als Helfer

Zuallererst hat uns Benedikt also an seine Grundregel erinnert, nämlich Leben und Wissen miteinander zu verbinden. Dann geht er mehr ins einzelne, wenn er schreibt:
„Er wisse, daß er mehr helfen als herrschen soll". (RB 64.8)

Eigentlich gilt das Helfen als selbstverständliche Voraussetzung ärztlichen Handelns. Muß der Arzt noch einmal gesondert darauf hingewiesen werden? Von Seiten des Patienten bestehen keine Zweifel, was er vom Arzt erwartet. Er leidet, er möchte Hilfe bekommen, von diesem Leiden befreit zu werden. Grundsätzlich will das auch jeder Arzt so. Im Alltag sieht es aber wieder ganz anders aus. Der Arzt muß dem Patienten oft mit aller Autorität Ratschläge erteilen, ihm schwierige Sachverhalte erklären, seine seelischen Nöte miteinbeziehen und ihn nicht selten von schlechten Gewohnheiten abbringen. Es ist oft sehr schwierig, Patienten, die an der Blutzuckerkrankheit leiden, zu einer Diät anzuhalten. Jemandem das Rauchen abzugewöhnen oder gar das Trinken zu verbieten, gehört zu den undankbarsten Aufgaben des ärztlichen Alltags. Gerade solche Angewohnheiten wie Trinken, Rauchen, ungesundes Essen sind aber die Hauptursachen heutiger Erkrankungen. So gerät der Arzt zunehmend in die Rolle des Besserwissers und Befehlshabers, der beständig mit unbotmäßigen Patienten zu tun hat, genauso wie der Abt. Bei Persönlichkeiten, die zur Überheblichkeit neigen und sich ihres Wissens bewußt sind, kann da die Haltung des Despoten sehr schnell die des Helfers ersetzen. In meinen ersten Arbeitsmonaten sagte mir einmal ein älterer Kollege, ich solle mich davor hüten, die Menschen zu verachten. Dies sei eine große Gefahr für den Arzt. Ich hielt diese Mahnung zunächst für übertrieben. Nach vielen Jahren der Berufspraxis, weiß ich aber, wie sehr diese Versuchung besteht. Wenn es vorkam, daß ich über viele Wochen hinweg, ständig mit Leuten zu tun hatte, die sich mit ihrer unvernünftigen Lebensweise zugrunde richteten, konnte es mir schon in den Sinn kommen, den größten Teil der Menschheit für Säufer und Fresser zu halten. Die Folgerung wäre gewesen, die Patienten unter

massiven Druck zu setzen, um ihnen so auch gegen ihren Willen zum Heil zu verhelfen. Wie nahe liegen doch das Helfen und Herrschen beieinander!
Ganz besonders besteht diese Gefahr in den Entwicklungsländern. In der Vergangenheit sind viele Missionsärzte mit bestem Willen und höchsten Idealen ausgereist, um den Segen der modernen Medizin auch armen Menschen zugänglich zu machen. Obwohl gerade diese Ärzte aus tiefer christlicher Überzeugung handelten, haben sie sich manchmal zu Herrschern von Königreichen entwickelt, anstatt im Hintergrund zu helfen, die Menschen dazu zu befähigen, die wissenschaftlichen Kenntnisse in ihrem kulturellen und wirtschaftlichen Rahmen umzusetzen. Hilfe kann schnell zum Mittel der Beherrschung umschlagen. Dieser Gefahr kann man nur entgehen, wenn man seine eigenen Haltungen reflektiert und korrigiert. Niemand ist davor gefeit. Ich selbst spüre in meiner Arbeit diese Gefahr nur allzusehr. Anstatt in Geduld die Schwäche des Patienten und seine begrenzte Auffassungsgabe zu berücksichtigen, neige ich oft dazu kurz Befehle zu geben. Dabei rede ich mir ein, daß es letztlich dem Patienten helfe und es mir Zeit spare, die so knapp bemessen ist.
Das aber will Benedikt gerade nicht. Der Arzt soll sich Zeit nehmen und sich auf das Helfen beschränken und sich nicht zum Beherrscher seiner Patienten aufschwingen.

c) Der verletzliche Arzt

Der Arzt ist Teil der Gesellschaft, in der er lebt. Die Probleme, die er bei seinen Patienten sieht, betreffen ihn auch selbst. Daher schreibt Benedikt:

„Stets rechne er mit seiner eigenen Gebrechlichkeit.
Er denke daran, daß man das geknickte Rohr nicht zerbrechen darf." (RB 64.13)

Hier handelt es sich um eine zentrale Aussage über den Führungsstil, wie Benedikt ihn haben will. Zunächst muß der Arzt sich selbst bewußt werden, daß er selbst immer in die Situation des Kranken geraten kann. Vielen Medizinstudenten bereitet dies große Qualen beim Erlernen der vielen Krankheitssymptome. Immer wieder glauben sie, die gerade gelernten Krankheiten bei sich zu entdecken. Eigentlich ist das eine sehr gute Erfahrung, die es gälte sich zu bewahren, wenn später aus den Studenten Ärzte geworden sind. Oft geschieht aber genau das Gegenteil. Kein Mensch kann alle Krankheiten symbolisch selber durchleiden. Daher entsteht bei vielen Ärzten im Laufe der Zeit ein innerer Schutzmantel, der die eigene Betroffenheit vom Schicksal des gerade zu behandelnden Patienten abschirmt. Dieser Schutz ist notwendig, wird aber dann zum Hindernis, wenn er die eigene Gefährdung völlig verdrängt. Ich selbst habe eher zu den Studenten gehört, die sich nicht von anderen Krankheiten beeindrucken ließen. Vor wenigen Jahren hatte ich eine schwere Malaria. Da ich mich selbst behandeln mußte, lief die Behandlung nicht ganz so wie es sein sollte und ich wurde sehr schwer krank. Da ich weiß, wie gefährlich die Malaria ist, konnte ich die Schwere der Symptome auch ganz gut einordnen. Seit dieser Zeit behandle ich die Malaria-Kranken ganz anders als früher. Natürlich wußte ich schon vorher die Gefährlichkeit dieser Krankheit genau, aber erst die eigene Erfahrung hat mir die Fähigkeit wiedergeschenkt, mit meinen Patienten *mit-zu-leiden*. Die eigene Zerbrechlichkeit hat mir die Gefahr erst deutlich gemacht, wie schnell menschliches Leben verlöschen kann, wie ein gerade noch glimmender Docht.

d) Der Arzt in seelischem Gleichgewicht

Das Wissen um die eigene Verletzlichkeit allein, macht eine Persönlichkeit noch nicht reif. Eine Verletzung aus früherer Zeit oder eine andauernde Schwäche muß angenommen und integriert sein. Erst dann kann sie fruchtbar werden. Daher sagt Benedikt:
„Der Abt sei nicht stürmisch und nicht ängstlich." (RB 64.16)

Hier kommen wir zu Eigenschaften, die der Arzt für seinen Beruf schon mitbringen muß. Nicht jeder kann diesen Beruf ergreifen, wie auch nicht jeder zum Abt gewählt werden kann, nur wenn er die kirchenrechtlichen Voraussetzungen erfüllt. Kein Bereich wird zur Zeit mehr vernachlässigt als diese persönlichen Eigenschaften, die den Arzt erst all die Forderungen erfüllen lassen, von denen vorher die Rede war. Der Arzt ist in sehr angespannte Situationen hineingestellt. Sehr oft muß er in Minutenschnelle Entscheidungen treffen, deren Folgen den Tod von Menschen oder deren dauerhafte Behinderung zur Folge haben können. Für den Außenstehenden wirkt die Visite oft wie die Feier überholter Riten. Manchmal ist sie in ihrer Form auch unfruchtbar. In guter Weise gehandhabt steht die Visite aber immer noch im Zentrum der klinischen Arbeit. Sie gibt dem Arzt Gelegenheit, mit dem Patienten Kontakt aufzunehmen, ihn zu untersuchen und seine seelische und körperliche Verfassung zu beurteilen. Je nach seinem Befund legt der Arzt den weiteren Gang der Untersuchungen und der Behandlung fest.

Hier in Afrika habe ich etwa drei bis fünf Minuten Zeit, mich mit einem Patienten zu beschäftigen. Ganz wichtig ist dabei, die Informationen der Mitarbeiter richtig einzuordnen und zu verwerten, weil ich selbst nicht alle Untersuchungen durchführen kann. Oft hilft mir nur meine Erfahrung, allein am Gesichtsausdruck zu erkennen, daß die Diagnose des Assistenten nicht stimmt. Wieder spielt die kulturelle Situation eine große Rolle. Dabei muß ich die Rolle des Patienten und des afrikanischen Mitarbeiters getrennt in ihrem Zusammenhang beachten. Auch hierzu ein Beispiel: Eine Patientin wird eingeliefert mit der Diagnose Magenbeschwerden. Da sie auch noch Fieber hat, wird eine Malariatherapie begonnen, weil das die häufigste fiebrige Erkrankung in unserer Gegend ist. Bei der Visite höre ich mir den Befund an, sehe aber am Atmen und an dem ängstlichen Blick der Patientin, daß etwas nicht stimmt. Die Laborergebnisse zeigen auch keine Erreger von Malaria. Also untersuche ich den Bauch der Patientin noch einmal und stelle fest, daß der Schmerz nicht im Ober-, sondern im Unterbauch liegt. Es handelt sich um eine schwere Entzündung der Eileiter. Der untersuchende Assistent hat die Frau nicht richtig untersucht, sie selbst aus Scham die Schmerzen in eine „neutrale" Gegend verlegt. Solche Szenen erlebe ich oft und ich bin mir bewußt, daß von meiner Diagnose das Leben der Patientin abhängt. Dabei nutzt es der Patientin herzlich wenig, wenn ich aufgeregt bin und vor Angst, einen Fehler zu machen, zu keinem Entschluß komme. Wer den Arztberuf ergreift, muß ihn sich auch zutrauen. Die Erfahrung zeigt dann allmählich, daß der Arzt mit Selbstvertrauen auch die richtigen Entscheidungen trifft. Er kann damit auch Vertrauen auf sein Können entwickeln. Dieses Selbstvertrauen muß natürlich in all diese Forderungen eingebettet sein, die vorher erwähnt wurden. Der Arzt muß sich also immer gleichzeitig seiner Schwächen und Stärken bewußt sein. Hält er sich in dieser Balance, läuft er keine Gefahr, entweder überängstlich und aufgeregt zu sein oder der Selbstüberschätzung zu verfallen. Letzteres sagt man Ärzten häufig nach. Oft ist es aber gerade die Überängstlichkeit, die hinter einer Fassade der Arroganz oder aufdringlicher Selbstdarstellung verborgen wird. Fast zögere ich, schon wieder daran zu erinnern, daß der Arzt nicht auf sich selbst gestellt ist und der Patient nicht allein auf den Arzt angewiesen ist. Dennoch tue ich es, weil sich so der Kreis unserer Überlegungen schließt. Der Arzt kann im Vertrauen darauf arbeiten, daß er nur einen Teil zum Lebensschicksal seiner Patienten beiträgt. Er ist nur ganz kurzfristig Herr über Leben und Tod. Es ist aber eine geliehene Macht, die wieder von ihm zurückgefordert wird. So ist auch der Arzt in den Kreislauf von Leben und Tod einbezogen, in dem er seine eher bescheidene Rolle spielen darf. Anerkennt er diese Rolle in ihrer Begrenztheit und in ihrer Herausforderung, kann der ärztliche Beruf eine überaus erfüllende und beglückende Tätigkeit sein.

Der christliche Arzt, der im Geiste des Heiligen Benedikts seinen Beruf ausübt, hat seinem materialistischen Kollegen daher vieles voraus. Er kann ruhiger arbeiten und kann sich an den Erfolgen seiner Arbeit als Geschenk freuen. Seine Patienten werden in ihrer vollen Dimension wahrgenommen und fühlen sich nicht nur als medizinische Objekte. Allerdings ist der christliche Arzt allen Versuchungen dieses Berufes ausgesetzt, wie jeder andere auch. Er kann sich selbst überschätzen, seine Patienten gängeln und seinen Beruf nur noch als lukrative Einnahmequelle betrachten. Daher ist der christliche Arzt aufgefordert, ständig seine geistlichen Wurzeln zu pflegen und neu zu beleben. Die Regel des Heiligen Benedikt kann dazu Wegweiser sein.

6. Anhang: Mein Wunschpatient

Sie müssen jetzt nicht weiterlesen. Das Thema: „Der Arzt als Abt", ist mit dem vorigen Kapitel abgeschlossen. Vielleicht finden Sie es aber auch nicht ganz unwesentlich, was ein Arzt von seinen Patienten erwartet. Darüber spricht „man" als Arzt normalerweise nicht. Ich werde jetzt ein wenig aus dem Nähkästchen plaudern. Natürlich wird es mein eigenes Nähkästchen sein, in das aber eine Menge Garn meiner Kollegen geraten ist. Ein Satz in der Regel Benedikts hat mir Mut gemacht, diesen Anhang zu schreiben. Benedikt hat nämlich auch ein Kapitel über die Kranken geschrieben. Sie liegen ihm sehr am Herzen und er fordert, ihnen alle nur erdenkliche Hilfe zukommen zu lassen. Mitten in diesem Kapitel findet sich aber dieser Satz:

„Die Kranken sollen ihre Brüder, die ihnen dienen, nicht durch übertriebene Ansprüche traurig machen." (RB 36.4)

Mir gefällt es einfach, wie Benedikt die innere Freude seiner Brüder erhalten will. Immer wieder ermuntert er sie, sich gegenseitig zu helfen, die Trauer zu verhindern oder sie zu vertreiben. Dieses Anliegen Benedikts hat sich in unseren Klöstern nicht gerade als Haupttradition durchgesetzt. Dennoch will Benedikt Mönche haben, die aus der Freude leben. Die Lustlosigkeit, lateinisch acedia, sieht er als das größte Übel der Mönche. Daher darf ich mich auf Benedikt berufen, wenn ich ganz kurz schildere, was ich mir von einem Patienten wünsche, damit mir mein Beruf Freude macht und die Trauer nicht Macht über mich gewinnt.

Zunächst wünsche ich mir, daß der Patient mir erzählt, was ihm wirklich fehlt. Viele Patienten

suchen nach den richtigen Ausdrücken, ihre Beschwerden zu schildern und sind oft verlegen deswegen. Dafür habe ich größtes Verständnis. Warum verschweigen aber so viele Patienten wichtige Symptome? In Tansania wurde ich auf einer Reise von einer Kollegin um Rat gefragt. Das kommt hier oft vor, weil es nicht viele Ärzte gibt. Da ich mich bemühe, den vorher geschilderten Idealen zu entsprechen, war ich auch gern bereit, einen ihrer Patienten zu untersuchen. Er war Europäer und arbeitete für eine internationale Organisation. In den Tagen zuvor war er aus unerklärlichen Gründen mehrmals ohnmächtig geworden. Die Kollegin hatte gerüchteweise gehört, daß er viel Alkohol trinken würde. Das wäre natürlich eine Erklärung gewesen. Ich unterhielt mich allein mit dem Patienten, der mir viel erzählte, aus dem ich nicht schlau wurde. Also entschloß ich mich, ihn zu untersuchen. Kaum hatte er sein Hemd ausgezogen, sah ich, daß er einen Herzschrittmacher trug.
Er hatte vor wenigen Jahren einen Herzinfarkt erlitten. All diese schwerwiegenden Tatsachen hat er der Kollegin verschwiegen und zunächst auch mir. Später gestand er mir auch den Grund. Er hatte Angst, nach Hause geschickt zu werden. Solche Gründe gibt es immer. Aber wie soll ich als Arzt jemandem helfen, der mir nicht sagen möchte, was ihm fehlt?

Ich wünsche mir von meinem Patienten, daß er mich nicht nur als Arzt sieht, sondern mich auch als menschliches Wesen wahrnimmt. Auch ich habe Ängste und Unsicherheiten und kann mich irren. Meine Lehrer haben mir zum Glück immer Mut gemacht, meine Irrtümer einzugestehen. Mein Patient sollte daher erkennen, daß ich ihn viel ernster nehme, wenn ich ihm meinen Irrtum eingestehe, als wenn ich ihm meine Allwissenheit vortäuschen würde.

Ich wünsche mir von meinem Patienten, daß er mir verzeiht. Nach vielen Jahren der Erfahrung nehmen die beruflichen Fehlleistungen ab, aber die menschlichen bleiben. Ich bin oft müde, habe keine Kraft, mir die umständlichen Privatgeschichten anzuhören und wirke daher manchmal unaufmerksam. Es kommt auch vor, daß mir kein aufmunterndes oder tröstendes Wort einfällt. Kurz, ich kann nicht zu jeder Minute voll geistig präsent sein. Ich wäre sehr dankbar, wenn mein Patient mir das nicht so schwer anrechnete. Meine afrikanischen Patienten sehen mir meine Müdigkeit sofort an. Bevor ich nur etwas sagen kann, bedauern sie mich erst einmal. Das wirkt auf mich unglaublich entwaffnend und manchmal auch beschämend, weil es den Patienten oft wirklich schlecht geht. So bekomme ich aber auch einen Motivationsschub und freue mich darüber. Bei anderen Menschen mag das anders sein, mich freut es jedoch immer sehr, wenn jemand meine momentane Lage wahrnimmt und auch noch auf sie eingeht.

Zuletzt wünsche ich mir von meinem Patienten, daß er mein Privatleben respektiert. Ich denke tatsächlich nicht Tag und Nacht nur über medizinische Probleme nach. Ich lese gern, höre Musik und beschäftige mich leidenschaftlich mit theologischen und philosophischen Fragen. Ich bin auf diese andere Gedankenwelt angewiesen, um im Beruf wieder ganz für den Patienten dazusein.
gibt es immer wieder durchaus lieb
die mich zum Beispi
ansprechen. Oft b
wird Sie sicherlic
meistens schon
che Beschrei

allen Einzelheiten auch akustischer Natur, die packende Schilderung der letzten Herzuntersuchung mit Aufzählung sämtlicher Laborwerte oder die Beschwerde über die unfähigen Ärzte, die seit zwanzig Jahren die Ursache eines Hautjuckens nicht herausgefunden hätten. Ich darf mich dann getrost zu den unfähigen Kollegen dazurechnen. Besonders unangenehm ist es, wenn ich zum Schiedsrichter bestimmt werde. Ohne Einzelheiten zu kennen, soll ich da entscheiden, welcher Herzchirurg in Deutschland am besten die Klappen operiert. Bei solchen Begegnungen gerate ich in Versagensängste. Natürlich kenne ich keinen Herzchirurgen, schon gar nicht persönlich, ich weiß auch überhaupt nichts zur Behebung des Hautjuckens beizutragen und außerdem würde ich nur allzu gern über etwas anderes reden.

Von einer Fee bekommt man gewöhnlich drei Wünsche frei. So habe ich auch nur drei an meinen Wunschpatienten gerichtet. Er soll mir seine Krankengeschichte vollständig erzählen, mich bei der Arbeit als Mensch wahrnehmen und meine privaten Bedürfnisse respektieren. Dann kann ich auch mit Freude auf seine Not und seine Krankheit eingehen.

Was nun, wenn mein Patient die drei Wünsche nicht erfüllt? Dann halte ich mich wieder an den heiligen Benedikt, der nach oben zitiertem Satz fortfährt:

„Doch auch solche Kranke müssen mit Geduld ertragen werden". (RB 36.5)

MÜNSTERSCHWARZACHER KLEINSCHRIFTEN
Schriften zum geistlichen Leben　　　　　　　ISSN 0171-6360

1	Grün, A., **Gebet und Selbsterkenntnis**	(1979) 56 S.	
2	Doppelfeld, B., **Der Weg zu seinem Zelt**	(1979) 64 S.	
3	Ruppert/Grün, **Christus im Bruder**	(1979) 56 S.	
4	Hugger, P., **Meine Seele, preise den Herrn**	(1979) 84 S.	
5	Louf, A., **Demut und Gehorsam**	(1979) 55 S.	•
6	Grün, A., **Der Umgang mit dem Bösen**	(1980) 84 S.	
7	Grün, A., **Benedikt von Nursia**	(1979) 60 S.	
8	Hugger, P., **Ein Psalmenlied, dem Herrn**, Teil 1	(1980) 72 S.	
9	Hugger, P., **Ein Psalmenlied, dem Herrn**, Teil 2	(1980) 80 S.	
10	Hugger, P., **Ein Psalmenlied, dem Herrn**, Teil 3	(1980) 80 S.	
11	Grün, A., **Der Anspruch des Schweigens**	(1980) 72 S.	
12	Schellenberger, B., **Einübung ins Spielen**	(1980) 52 S.	
13	Grün, A., **Lebensmitte als geistliche Aufgabe**	(1980) 60 S.	
14	Doppelfeld, B., **Höre – nimm an – erfülle**	(1981) 68 S.	
15	Friedmann, E., **Mönche mitten in der Welt**	(1981) 76 S.	
16	Grün, A., **Sehnsucht nach Gott**	(1982) 64 S.	
17	Ruppert/Grün, **Bete und arbeite**	(1982) 80 S.	
18	Lafrance, J., **Der Schrei des Gebetes**	(1983) 64 S.	
19	Grün, A., **Einreden**	(1983) 78 S.	
22	Grün, A., **Auf dem Wege**	(1983) 72 S.	
23	Grün, A., **Fasten – Beten mit Leib und Seele**	(1984) 76 S.	
25	Kreppold, G., **Die Bibel als Heilungsbuch**	(1985) 80 S.	•
26	Louf/Dufner, **Geistliche Vaterschaft**	(1984) 48 S.	•
28	Schmidt, M.-W., **Christus finden in den Menschen**	(1985) 48 S.	
29	Grün/Reepen, **Heilendes Kirchenjahr**	(1985) 88 S.	
30	Durrwell, F.-X., **Eucharistie – das österl. S.**	(1985) 76 S.	
31	Doppelfeld, B., **Mission**	(1985) 62 S.	
32	Grün, A., **Glauben als Umdeuten**	(1986) 68 S.	
34	Bar, C. de, **Du hast Menschen an m. Weg gest.**	(1986) 56 S.	
35	Kreppold, G., **Kranke Bäume – Kranke Seelen**	(1986) 80 S.	•
36	Grün, A., **Einswerden**	(1986) 80 S.	
37	Community, B., **Regel für einen neuen Bruder**	(1986) 48 S.	
39	Grün, A., **Dimensionen des Glaubens**	(1987) 80 S.	
41	Domek, J., **Gott führt uns hinaus ins Weite**	(1987) 72 S.	
44	Grün/Reitz, **Marienfeste**	(1987) 80 S.	
45	Domek, J., **Segen – Quelle heilender Kraft**	(1988) 76 S.	
46	Grün/Reepen, **Gebetsgebärden**	(1988) 72 S.	
47	Kohlhaas, E., **Es singe das Leben**	(1988) 60 S.	
50	Grün, A., **Chorgebet und Kontemplation**	(1988) 68 S.	
51	Doppelfeld/Stahl, **Mit Maria auf dem Weg d.Gl.**	(1989) 68 S.	

52	Grün, A., **Träume auf dem geistlichen Weg**	(1989)	68 S.
53	Kreppold, G., **Die Bergpredigt,** Teil 1	(1989)	88 S.
54	Kreppold, G., **Die Bergpredigt,** Teil 2	(1989)	72 S.
57	Grün/Dufner, **Gesundheit als geistl. Aufgabe**	(1989)	108 S.
58	Grün, A., **Ehelos – des Lebens wegen**	(1989)	88 S.
59	Staniloae, D., **Gebet und Heiligkeit**	(1990)	48 S.
60	Grün, A., **Gebet als Begegnung**	(1990)	88 S.
61	Doppelfeld, B., **Mission als Austausch**	(1990)	72 S.
62	Abeln/Kner, **Kein Weg im Leben i. vergebens**	(1990)	56 S.
63	Faricy/Wicks, **Jesus betrachten**	(1990)	40 S.
64	Grün, A., **Eucharistie und Selbstwerdung**	(1990)	94 S.
65	Doppelfeld, B., **Ein Gott aller Menschen**	(1991)	80 S.
66	Abeln/Kner, **Wie werde ich fertig m.m. Alter?**	(1992)	76 S.
67	Grün, A., **Geistl. Begleitung bei d.Wüstenv.**	(1992)	100 S.
68	Grün, A., **Tiefenpsycholog. Schriftauslegung**	(1992)	108 S.
69	Doppelfeld, B., **Symbole,** Teil 1	(1993)	112 S.
70	Doppelfeld, B., **Symbole,** Teil 2	(1993)	100 S.
71	Grün, A., **Bilder von Verwandlung**	(1993)	100 S.
72	Simons, G. F., **Religiöse Erfahrung,** Teil 1	(1993)	100 S.
73	Müller, W., **Meine Seele weint**	(1993)	68 S.
74	McDonnell, K., **Die Flamme neu entfachen**	(1993)	44 S.
75	Alphonso, H., **Die Persönliche Erfahrung**	(1993)	70 S.
76	Grün/Riedl, **Mystik und Eros**	(1993)	114 S.
77	Ziegler, G., **Der Weg zur Lebendigkeit**	(1993)	76 S.
78	Doppelfeld, B., **Symbole,** Teil 3	(1993)	88 S.
79	Ruppert, F., **Der Abt als Mensch**	(1993)	48 S.
80	Tiguila, B., **Afrikanische Weisheit**	(1993)	50 S.
81	Grün, A., **Biblische Bilder von Erlösung**	(1993)	102 S.
82	Grün/Dufner, **Spiritualität von unten**	(1994)	108 S.
83	Doppelfeld, B., **Symbole,** Teil 4	(1994)	74 S.
84	Wilde, M., **Ich verstehe dich nicht!**	(1994)	56 S.
85	Abeln/Kner, **Das Kreuz mit dem Kreuz**	(1994)	68 S.
86	Ruppert, F., **Mein Geliebter, die riesigen Berge**	(1995)	85 S.
87	Doppelfeld, B., **Zeugnis und Dialog**	(1995)	92 S.
88	Friedmann, E., **Die Bibel beten**	(1995)	112 S.
89	Müller, W., **Gönne Dich Dir selbst**	(1995)	74 S.
90	Ruppert, F., **Urwald und Weisheit**	(1995)	72 S.
91	Simons, G. F., **Religiöse Erfahrung,** Teil 2	(1995)	102 S.
92	Grün, A., **Leben aus dem Tod**	(1995)	104 S.
93	Grün, A., **Treue auf dem Weg**	(1995)	116 S.
94	Friedmann, E., **Ordensleben**	(1995)	104 S.
95	Stenger, H., **Gestaltete Zeit**	(1996)	80 S.